SCUBA DIVING 고수되기

다이빙을 즐길 줄 아는 당신이 필요한 모든 것

SCUBA DIVING
고수되기

발행일	2014년 09월 18일 (초판2쇄)
지은이	Arnold J. Kim
펴낸곳	주식회사 더원플래닛
	(15439)
	경기도 안산시 단원구 원당길 4-2
	TEL : 070-4413-8510
	psdc.kr@psdc.kr

책임편집	원윤숙
마케팅	윤종서
디자인	정다혜
가격	15,000원

ⓒ PSDC KOREA 2013
이 책의 한국어판 저작권은 PSDC USA(SPACE AMAZING Inc.)와 PSDC KOREA(주식회사 더원플래닛)와의 독점 계약으로 한국어판의 판권은 '**주식회사 더원플래닛**' 이 소유합니다. 저작권법에 의거하여 한국 내에서 보호를 받는 저작물이므로 무단 전재와 무단 복제를 금합니다.

다이빙을 즐길 줄 아는 당신이 필요한 모든 것

SCUBA DIVING
고수되기

Arnold J. Kim 지음

Towards world peace

DIVER IS PIONEER

AND

VISITOR OF FRONTIER

| 프롤로그 |

제 1 장　　고수들의 라이선스　17

제 2 장　　고수가 되기 위한 준비　35

제 3 장　　매너는 고수의 기본　57

제 4 장　　다이빙고수의 기술　77

제 5 장　　안전한 다이빙은 고수의 완성　139

제 6 장　　혼자 떠나기는 고수의 특권　189

제 7 장　　고수 그 다음　223

참고문헌

| 프롤로그 |

끝이 없는 열정을 가진 당신에게

 최근 들어 스쿠버다이빙을 새롭게 도전하는 사람들이 많아졌다. 해외여행을 통해 처음 경험하는 체험다이빙의 아름다움에 이끌려 다이빙에 관심을 갖게 되고, 한국으로 들어와 의욕적으로 다이빙교육을 받는 사람이 매우 많아진 것이 가장 큰 요인이다. 예전에는 몇몇 다이버들이 수중사냥을 통해 잡거나, 채집한 해산물을 나눠먹을 때 '새롭고 신선한 처음 경험하는 맛'에 이끌려 다이빙을 시작하는 사람이 적지 않았다. 또한 다이빙을 통해 획득한 물고기, 전복, 해삼, 소라 같은 자연산 해산물의 가치를 매우 크게 평가했었다. 그런 이유로 다이빙을 하는 것은 소위 말해 '본전을 뽑고도 남는 장사'라는 인식이 있었던 것 또한 사실이다. 하지만 이제는 수중사냥과 채집이 국내에서는 불법으로 규정되어서 해산물을 취득하는 즐거움이 사라졌다. 그런 이유로 국내의 차가운 바다 속을 들어가는 것에 대한 의욕이 떨어진 사람들을 종종 보게 된다. 그것은 해외의 열대바다에서 국내바다에 비하여 상대적으로 쾌적한 바다환경을 경험했던 입문자가 국내다이빙을 시작할 때 '국내바다는 매우 혹독하고 고생스러운 바다일 뿐이다'라고 각인되는 것에 일정부분 영향을 준다. 즉, 열대바다에 비해 추운 환경 때문에 불편하고 두꺼운 5mm이상의 슈트를 입고, 잘 보이지 않는 바다 속을 추위에 떨며 경험하고 올라왔을 때 머릿속에는 물속에서 관찰한 생물체는 전혀 기억나지 않는다. 그리고 바위 또는 어초에 부착되어 있던 알 수 없는 물체들만 희미한 기억을 남긴다. 그렇게 어디를 다녔는지, 무엇을 봤는지, 거의 기억나지 않는 무의미한 경험을 하게 된다. 예전에는 이런 난감한 상황의 극복방법으로 소량의 채집이 암묵적으로 허용되었고 다이빙을 끝내고 잡은 해산물과 술을 한 잔 간단히 즐기는 즐거움이 국내에는 있었다. 그것이 열대바다와 다른 색다른 즐거움이라고 안위하면서 국내바다의 열악한 상황을 극복해왔다. 그런데, 이러한 방법들이 불가능해진 근래에는 열대바다의 환상을 가지고 국내바다에 도전을 하는 초급다이버들을 지속적으로 국내에서 다이빙을 즐기는 다이버로 유도하기 어려워진 것이 사실이다. 그렇다고 다이버의 양성을 위해 해산물채집이나 수중사냥을 옹호하는 것은 아니다. 당연히 어족자원의 보호와 자연환경을 위해 다이버가 일선에서 노력을 해야 하는 것은 당연하다. 하지만 조금 더 합리적인 방법을 협의하는 것은 어떤가? 생각해보는 것이다. 우리와 비슷한 위도에 있는 미국의 캘리포니아 북부지역에서는 다이버에게 피싱라이선스를 판매한다. 즉, 피싱라이선스를 구입하면 개인당 몇 종류의 물고기를 개체별로 정해진 크기 이상의 것에 한하여 2~3마리까지 잡을 수 있는 것으로 정해져 있다. 또한, 전복 같은 부착 생물도 일정한 크기 이상의 것을 개인당 2마리 정도까지 채집할 수 있도록 허용되어있다. 그러한 법규는 우리와 같이 차가운 바다환경에서도 다이버가 즐길 수 있는 다이빙의 즐거움을 제한적으로 허용하는 것이다. 덕분에 다이버에게 채집과 사냥의 기회를 합법적으로 가지게 만들어 주는 것이다. 이렇게 정부차원에서 적절한 입법조치를 통하여 다이빙을 즐기는 사람들에게 보다 긍정적인 활동을 할 수 있게 해주고 있다. 하지만 국내의 경우는 제도적 뒷받침이 전혀 없어 예전을 기억하며 불법(사냥, 채집)에 도전하는 일부 다이버들의 행동을 구제할 수 있는 방법이 전혀 없음에 아쉬움을 토로한다. 다이빙고수의 길에 나서는 당신에게 시작부터 불편한 이야기를 하는 것은 고수의 실력을 가지기 위해서는 '국내다이빙의 경험'이 절대적으로 필요하기 때문이다. 열대바다와 너무나 다르고 혹독한 환경에서 다이빙을 경험하고 실력을 연마한다는 것은 세계 어느 곳에 가더라도 당신의 실력을 발휘할 수 있다는 것을 의미한다. 차가운 수온은 당신의 신체를 움직이기 어렵게 만들기도 하고, 간혹 1~2m도 보이지 않는 흐린 물을 만나는 경험도 당신의 다이빙실력을 발전시킨다. 특히, 국내바다에서 다년간 교육경험이 있는 훌륭한 강사들이 당신을 안전하게 국내바다를 경험 할 수 있도록 지도할 것이다. 국내바다에서 갈고 닦은 실력은 분명히 세계 최고라고 자부할 수 있다. 예전에 즐기던 사냥, 채집 같은 행위는 더 이상 국내바다에서 경험할 수 없다. 하지만 역설적으로 다이빙기술에 집중할 수 있어 실력향상에 매우 도움이 된다. 약간은 힘들 수 있고, 어려울 수 있는 국내바다의 다이빙경험을 지속한다면 당신은 매우 빠르게 고수의 길로 들어갈 수 있다. 국내바다는 당신의 실력을 발전시키는데 가장 좋은 장소라고 단언할 수 있다. 힘들고 어려운 국내의 바다환경에서 열심히 노력하는 당신의 끝임 없는 열정에 응원을 보낸다.

01 고수들의 라이선스

누구에게나 경험은 발전을 할 수 있는 밑바탕이 된다. 다이빙실력의 발전 또한 그러하다. 이론적인 교육을 받고 실습을 통하여 훈련을 하는 것도 좋지만 현장에서 경험하는 다양한 변화는 직접 현장경험을 통하여 습득하는 것이 가장 좋은 방법이다. 하지만 실제의 다이빙환경에서는 그렇게 여유로운 상황을 만들어 주지 않는다. 특히 국내바다의 경우 매우 많은 다양한 위험요소가 존재하고 있어 철저한 준비와 훈련이 필요한 이유가 된

다. 우리가 운전면허를 취득하고 실제 도로에서 경험하는 위험요소는 헤아릴 수 없는 다양한 형태로 나타난다. 그런데 최초에 운전면허를 취득하고 운전을 더욱 잘하기 위해 별도의 교육을 받거나 안전한 장소에서 운전연습을 하는 경우는 거의 없다. 그래서 운전을 시작한지 몇 년이 지나도 현실적으로 운전실력이 좋아지는 운전자는 별로 찾을 수 없다(물론 직업적인 운전사의 경우, 누가 뭐라고 해도 훌륭한 운전실력을 가지게 된다). 그런데도 운전실력의 성장을 위해 별다른 노력을 하지 않는 이유는 무엇일까? 그것은 아이러니하게도 도로교통법에서 정하고 운전자 모두가 지키려고 노력하는 운전법규 때문이다. 그것 덕분에 현실에서는 습관적으로 사고의 위험을 감수하고 매번 신호를 위반하며 주행하는 운전자가 없는 이유이기도 하다. 그런 안전장치 덕분에

교통법규만 지킨다면 안전운행을 할 수 있고 운전실력의 향상을 위해 노력할 필요가 없게 된다. 다이빙 환경은 어떠할까? 우리는 다이빙을 하며 서로가 지켜야 하는 원칙을 반드시 준수를 하려고 노력한다. 버디다이빙의 원칙, 70bar 전에 상승을 시도하는 것 같은 다이빙원칙들은 분명히 지키려고 한다. 그런데 그것은 우리의 노력으로 조절이 가능한 영역이고 다이빙환경에는 우리가 조절할 수 없는 영역이 분명히 존재한다. 즉, 바다는 원칙이 없다는 것이다. 기온이 30℃ 를 넘는 한여름 동해안 수심 20m 에서 수온이 5℃ 가 나오는 예상하지 못한 경험을 할 수 있고, 매우 빠른 조류의 흐름을 역주행하다 과도한 체력소모로 공기가 고갈되는 심각한 상황을 만날 수 있다. 물론 현지가이드가 위험을 최소화 할 수 있는 방법으로 다이빙을 진행하는 경우가 대부분이지만 입수를 하여 20m 이상의 수심에서 갑작스러운 환경변화는 초급자를 순간적으로 당황하게 만들 수 있다. 이러한 위험 상황을 벗어나는 방법들은 의외로 간단하다. 대부분의 경우 위험지역에서 멀리 나오거나 위험요소를 피해 다이빙을 중단하는 방법으로 해결 할 수 있다. 하지만 그러한 결정은 다이빙팀의 다이빙리더가 하는 경우가 대부분인데, 현명한 리더의 경우 초급자의 상태를 파악해서 적절한 조치를 취하지만 리더의 입장(다이빙기술)에서는 그렇게 큰 위협을 느끼지 않아 다이빙을 지속하는 경우도 종종 발생을 한다. 그것은 초급자의 경우 본인이

원하지 않는 상황이지만 다이빙을 지속해야 하는 상황으로 나타날 수 있다. 그런 경우 본인의 다이빙실력에는 현 상황을 극복하기 어렵고 모두에게 위험을 발생시킬 수 있다는 것을 다이빙리더에게 알리고 다이빙을 중단하는 것이 적절한 행동이다. 그렇게 다이빙을 중단하고 올라오면 매우 큰 아쉬움이 남는다. 그 어려운 상황을 '어떤 식으로 조치를 하면 그렇게 어렵지 않게 상황을 해결하고 다이빙을 지속할 수 있었다' 는 이야기를 다이빙리더에게 들을 수 있고 그것은 본인의 다이빙실력이 부족하다는 것을 실감하는 경험이 된다. 이렇게 초급자와 고수가 느끼는 다이빙현장에서의 위험도는 매우 다르다. 특히 몇 가지의 기본적인 다이빙기술을 습득하고 지속적인 훈련을 통해 그 기술을 본인이 쉽게 다이빙현장에서 사용할 수 있게 된다면, 본인이 즐길 수 있는 다이빙 영역이 안전하게 넓어지는 보상을 받을 수 있다. AD(Advanced Diver), MS(Master Diver) 교육은 두 가지의 이유에서 필연적으로 수행되어야 한다. 첫 번째는 교육을 통해 고수의 다이빙기술을 습득하고

본인의 기술로 만든다면 본인에게 상당한 자신감을 주게 되는 계기가 된다. 두 번째는, 다이빙 고수가 되는 것은 단순히 다이빙의 경험치를 늘려서 완성되는 것이 아니다. 해외투어를 가서 AD 이상의 등급을 가진 다이버가 들어가는 다이빙포인트에 도전할 때, '본인은 다이빙경험이 많아 난이도가 있는 다이빙포인트에 들어 갈 수 있다' 라고 주장을 해도 현장을 통제하는 가이드에

게는 받아들여지지 않는다. 이때 본인의 실력을 증명하는 도구는 다이빙 라이선스가 유일하다. 그래서 OW보다 높은 등급에 추가적인 다이빙 라이선스를 획득해야 하는 것은 다이빙을 폭넓게 즐기기 위한 필요한 조건이 된다.

Master 라이선스는 꼭 필요한가?

　초급자시절 바다실습을 끝내고 OW 라이선스를 받으면 매우 기쁜 마음에 '이제부터는 해외투어에 가게 된다면, 내가 원하는 모든 다이빙포인트에 갈 수 있다'라는 꿈을 꾼다. 그런 생각을 가지고 다이빙투어에 참가를 하면, 투어를 진행하는 다이빙리더 또는 진행요원이 OW 라이선스를 가지고 있는 사람들을 따로 분류해서 다이빙 포인트를 조절해 주는 것을 경험하게 된다. 처음에는 아무 생각 없이 지정해주는 다이빙 포인트에 입수를 해서 다이빙을 경험하고 그것으로 만족하는 기억을 만든다. 그런데 다이빙을 끝내고 올라와 다른 포인트에 입수했던 상급다이버로부터 대물을 봤다거나, 스산한 난파선을 관찰했다는 이야기를 종종 듣게 된다. 그러면 '아~ 나도 난파선도 가고 싶고, 대물도 보고 싶은데'라는 생각을 하게 된다. OW도 데려가면 좋은데 '왜? 데려가지 않는가?' 라는 생각으로 약한 항의를 해본다. 그때 들려오는 대답은 간단하다. '위험하기 때문에 AD이상의 MS등급을 보유한 실력 있는 다이버들 만 갈 수 있는 포인트이다'라는 답변을 듣는다. OW 가 상급다이빙실력이 필요한 다이빙포인트에 무리해서 동행을 하면 본인의 실력부족으로 부상을 입을 수 있으며 최악의 경우 공기가 고갈되는 사태를 맞을 수 있다. 그런 상황이 되면 같이 입수한 다이빙팀의 모든 사람들이 다이빙을 중단하고 상승해야하는 결정이 필요하

다. 이런 결정은 다른 다이버 모두에게 피해를 주는 것이기도 하지만 본인의 안전에도 심각한 위험요인이 된다. 해외투어를 가는 다이빙지역을 다이빙등급별로 분류한다면 최소 50% 정도가 AD이상의 등급을 요구하고, 20% 정도는 MS이상의 최상위 등급을 요구하는 지역으로 분류 된다. 즉, OW가 갈 수 있는 다이빙 포인트는 전체의 30% 정도로 제한된다는 이야기가 된다. 부푼 꿈을 가지고 해외투어를 가서 유명한 다이빙포인트에 들어가려 하지만 본인의 등급이 낮아서 들어가지 못한다면 그것처럼 아쉬운 것도 없을 것이다. 리조트에서 다이버의 라이선스별로 다이빙포인트를 분류하는 것은 다이버의 안전을 위하여 필요한 조치를 취하는 것이고 다이버는 반드시 따라주어야 한다. 상급다이버의 라이선스를 요구하는 것은 상급라이선스를 획득하는 과정에서 다이빙의 상급기술을 체득하게 되며 이러한 교육과 경험이 OW가 갈 수 없는 지역을 안전하게 다이빙을 할 수 있는 실력 있는 다이버로 만들어 주기 때문이다. 이러한 이유로 상급다이버로 OW라이선스를 업그레이드하는 것은 선택이 아닌 필수가 된다.

어떻게 고수가 될 수 있나?

 라이선스 획득 방법은 당연한 이야기지만 교육을 받고 일정한 Test에 합격을 하는 것을 원칙으로 한다. 단, 다이빙 경험이 100회 이상 되는 것을 증명할 수 있다면 Test만으로 라이선스를 획득할 수 있는 예외규정을 인정하는 교육단체가 많다. AD, MS의 교육을 받는 방법은 OW교육을 진행하는 교육단체에서 업그레이드를 위한 교육프로그램을 가지고 있으며 각 단체에 소속된 소속강사에게 교육을 받으면 된다. 물론 본인은 '다이빙경험을 지속하며 스스로 다이빙고수가 되었다' 라고 주장할 수 있지만 AD나 MS교육과정에서 지도하는 교육과목은 별도의 강습을 통해서 실습되고 연습이 필요한 과정이라 혼자서 기술을 업그레이드하기에는 한계가 너무나 분명하다. 그렇기 때문에 이 책에서 안내하고 있는 교육내용과 실습내용은 혼자

연습할 수 있는 항목들이 대부분이지만 무엇보다 본인의 안전을 위해 공인된 자격을 가지고 있는 담당강사에게 정규교육과정을 수강 받을 것을 권장한다.

고수가 되기 위한 교육방법은?

 고수가 되기 위해 교육을 받은 항목은 크게 두 가지로 분류할 수 있다. 한 가지는 다이버의 자신감을 기르는 다이빙관련 기술습득이 있고, 다른 한 가지는 다이빙현장에서 발생할 수 있는 응급상황에 대처하는 응급조치 관련 내용이 있다. 이러한 교육 항목들은 시간이 없는 경우 수영장 같은 제한 수역에서 단기간 집중교육과정을 통하여 2~3일간의 교육훈련으로(1일 4시간 교육 / 4시간 실습) 습득할 수 있다. 시간이 충분하고 담당 강사와 다이빙투어 일정을 조율 할 수 있는 경우는 담당강사와 OW이후 지속적인 다이빙투어활동을 병행하며 매번의 다이빙투어에서 1~2가지씩 교육과정을 이수하는 방법을 이용할 수 있다. 이렇게 시간을 가지고 한 가지씩 순서대로 습득하는 것을 권장한다. 그것은 AD의 라이선스는 25회 이상의 다이빙로그기록을 가지고 있어야 하며 MS는 50회 이상의 다이빙로그기록을 가지고 있어야 하기 때문이다. 이러한 이력의 다이빙로그를 수립하기 위해서는 최소 1년, 길게는 3~4년의 시간이 필요한데 이렇게 오랜 기간 다이빙경험을 하면서 기회가 있을 때마다 담당강사에게 조금씩 훈련을 받는 것이 오랜 시간이 소요되지만 체력적으로 무리가 없고 본인의 기술로 완전히 습득하는 배우기 쉬운 교육방법이 된다. 단, 이 경우는 오랜 기간 OW등급에 머물러 있어 '상급포인트 입수금지' 같은 불편을 감수해야 한다.

다이빙 라이선스의 종류

Open Water Diver
다이빙이론 Test 70점 이상
4회 이상의 인증된 로그

Advanced Diver
다이빙이론 Test 80점 이상
25회 이상의 인증된 로그
2종류 이상의 스페셜티

Master Diver
50회 이상의 인증된 로그
6종류 이상의 스페셜티

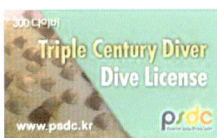
Triple Century Diver
300회 이상의 인증된 로그

Double Century Diver
200회 이상의 인증된 로그

Century Diver
100회 이상의 인증된 로그

Class 500S Diver
500회 이상의 인증된 로그

Thousands Diver
1,000회 이상의 인증된 로그

Enriched Air Nitrox Diver
이론교육 이수 및
4회 이상의 Nitrox실습

Stress & Rescue Diver
Advanced Diver 이상등급
긴급조치 교육이수

Advanced Diver

 AD등급은 AD교육을 받고, 이론/실기 Test에 합격을 해서 즉시 취득하는 방법과 담당강사와 지속적인 다이빙경험을 통하여 본인만의 기술을 만들어 가는 시간을 가지며 취득하는 방법이 있다.

Master Diver

 MS등급은 AD등급을 획득한 다이버가 인증된 다이빙로그를 기록하여 획득할 수 있는데 동굴다이빙, 난파선다이빙 같은 스페셜티 다이빙을 경험해야 한다. 이러한 경험은 해당자격을 가지고 있는 담당강사의 지도에 따라 실습을 수행해야 한다.

Enriched Air Nitrox Diver(나이트록스 다이버)

 OW이상의 모든 등급에서 추가로 획득할 수 있다. 나이트록스 다이빙은 산소가 강화된 공기를 사용하기 때문에 산소중독을 최소화하는 다이빙 테이블을 사용하여 다이빙을 수행하여야 한다. '나이트록스 라이선스' 획득을 위해서는 다이빙 테이블의 계산이 가능하여야 하고, 다이빙 컴퓨터를 가지고 있는 경우 산소농도 변화에 따른 다이빙 컴퓨터의 조작 방법을 숙지하여야 한다. 해외지역으로 다이빙투어를 가는 경우, 리조트에서 나이트록스 공기통을 대여하기 위해서는 반드시 나이트록스 라이선스를 제출하여야 한다. Yap, Chuuk 지역 같은 대심도 다이빙이 필요한 지역의 경우, 나이트록스 보조탱크를 필수적으로 사용하기 때문에 반드시 '나이트록스 라이선스'를 가지고 가야한다.

Stress & Rescue Diver

레스큐 다이버는 다이빙을 즐기면서 겪을 수 있는 응급상황에 대처를 하는 방법을 교육받고 Test에 통과하면 획득하는 자격증이다. 다이빙현장에서 발생이 예상되는 응급상황은 99% 이상이 통제가 가능한 상황이다. 이러한 상황들은 본인 또는 다이빙리더가 적절히 대처를 하면 다이빙팀 전원이 별다른 부상이나 문제 발생 없이 해결 할 수 있다. 우리 속담에 '호랑이에게 물려가도 정신만 차리면 된다' 라는 말이 있다. 그것은 정신력을 강화하는 방법을 요구하는 것이고 '위험한 상황을 이미지화' 시켜 위험 상황에 적절한 조치를 계속적으로 연습하여 실제 상황에서 무리가 없이 대처 할 수 있도록 심신을 강화하는 것이다. 이러한 교육과정이 레스큐 교육과정이고 레스큐 다이버 자격을 획득한 사람은 위기상황에 적절히 대응할 수 있는 능력을 갖추게 된다.

다이빙라이선스는 '라이선스를 획득하는 것'에도 의미가 있지만 그보다 더 큰 의미는 라이선스를 획득하는 과정에 있다. 다이빙관련 대부분의 라이선스는 실습과정을 동반하고 있다. 이러한 실습과정은 한, 두 시간 만에 뚝딱 해치울 수 있는 항목은 거의 없다. 그 말은 필요한 시간만큼, 실습과정을 경험해야 하고 그러한 실습과정에서 반복적인 훈련으로 충분한 실력을 갖추는 다이버로 변모하게 된다는 이야기가 된다. 처음에는 라이선스 획득을 목표로 교육과 실습을 시작하지만 교육과정이 끝나고 난 이후 본인의 향상된 실력과, 당당하게 자신감이 있는 다이버로 거듭난 모습에 스스로 놀라게 되는 것이 다이빙 교육과정이다.

02 고수가 되기 위한 준비

이미 OW자격을 획득하신 여러분이 이렇게 다시 새로운 도전을 시작 하는 것은 다이빙을 시작하고, 점점 강렬해지는 새로운 세계에 대한 탐사욕구를 멈출 수 없기 때문이다. 그것은 처음 시작한 도전의 끝이 어디인지 궁금하고, 공포감을 극복해가며 새로운 것을 보게 되며 점점 더 매력적으로 빠져 들어간다. 그것은 바다환경에 적응을 하는 일반적인 과정이며 다이버라면 누구나 느끼게 되는 감성이다. 누구나 두려움을 갖는 이러한 과정을 조금 더 쉽고 편안하게 경험하며 극복 할 수 있게 해주는 것이 바로 고수가 되는 학습과정이다. 아래에서 제안하고 있는 기술(기초적이고 기본적인)들을 한 가지씩 습득해 나아간다면 고수의 길은 그리 멀지 않게 다가온다.

수면 부력유지

일반적으로 인간의 몸은 양성부력을 가진다. 인간은 신체내부에 가장 큰 공간으로 폐를 가지고 있고 그것은 가장 큰 공기주머니 역할을 하며 양성부력을 충분히 확보해준다. 또한 신체내부의 지방 등이 양성부력을 가지고 있어 누구나 물에 뜨게 된다. 그것은 '동물의 왕국' 같은 방송을 보면 아프리카영양 같은 동물들이 강을 건널 때 수영을 배우지도 않았지만 물을 쉽게 건너는 모습을 보면 쉽게 이해할 수 있다. 인간도 동물(아프리카영양)과 같은 포유류이기 때문에 물에 가라앉지 않는다. 그런데 매년 여름마다 '물놀이 사고'로 익사자가 보도되는 것은 무슨 이유일까? 그것은 여러 가지 이유가 있을 수 있지만 가장 큰 이유는 '물에 빠지면 죽을 수 있다'는 당면한 두려움에 물에 빠진 경우 허우적대며 물 밖으로 나가려는 과도한 행동 때문이다. 그 결과, 익수자는 탈진을 하게 되고 물속으로 얼굴이 들어간 상태에서 호흡을 시도여 물이 폐로 들어가 더 이상 호흡을 할 수 없게 되는 최악의 상황을 맞게 되는 것이다. 물에 빠졌을 경우 호흡을 한 번 크게 들이 마시고(폐를 부풀리고) 그대로 누워서 하늘을 바라보면 100% 물위에 둥둥 뜨게 된다. 그렇게 몸이 떠있는 상태에서 호흡을 짧게, 짧게 반복적으로 하며 폐속의 공기를 빼지 않으면 절대 물속으로 빠지

지 않는다. 이런 형태의 부력유지방법은 간단한 연습을 통해 습득할 수 있는데 그렇게 습득된 부력유지 방법은 다이빙을 즐기는데 평생 도움이 되는 필수기술이 된다.

수면 부력유지는 크게 두 가지로 나눌 수 있다. 앞에서 이야기한 '누워서 부력유지하기'가 한 가지이고, 두 번째는 회오리 킥을 하며 부력을 유지하는 방법이다. 누워서 부력유지를 하는 것이 가장 쉽고 편한 방법이지만 주변을 확인할 수 없고 파도가 있는 곳에서는 물을 먹을 가능성이 많다. 그래서 두 번째 부력유지방법을 많이 사용하는데 그 방법은 아래와 같다.

호흡을 크게 해서 폐의 내부에 70% 이상의 공기를 항상 유지한다. 몸은 약간 앞쪽으로 숙인 상태에서 엉덩이를 뒤로 살짝 빼고 의자에 앉은 모습을 한다. 그리고 팔은 넓게 벌려서 균형을 맞추며 다리는 무릎아래부분을 오른쪽으로 한 바퀴, 왼쪽으로 한 바퀴 돌려주며 좌우를 교차하는 발차기를 한다. 물속에서 관찰하면 다리의 움직임으로 주변의 물이 회오리를 치는 것처럼 보여 진다. 이러한 방식의 부력유지는 두 손을 모두 물 밖으로 뺀 상태에서도 부력유지가 가능해지며 매우 다양한 상황에서 응용하며 사용할 수 있다.

수면 부력유지는 물 위에서 편안하게 떠 있는 기술이기 때문에 다이빙을 즐기면서 종종 사용되는 기술이 된다. 다이버들의 경우 대부분의 상황에서 슈트를 착용하고 다이빙을 진행하는데 이때 슈트는

물위에 떠있을 수 있는 양성부력을 가지고 있다(다이빙을 진행할 때 별도의 웨이트를 추가적으로 착용을 하는 이유). 그것은 급하게 양성부력(물위에 떠 있어야 하는 상황)이 필요한 경우 웨이트를 버리는 것만으로 물위에 쉽게 떠 있을 수 있게 된다. 이렇게 슈트의 도움을 받는 경우 과도한 동작 없이 물위에서 편하게 있을 수 있다. 슈트를 착용하고 제한수역에서 충분히 연습을 하면 수면 부력유지에 어려움은 전혀 느낄 수 없는 다이버가 된다.

기초 수영능력

 수영을 못하는 경우, 처음 다이빙을 시작할 때 '수영을 못하는데 다이빙을 배울 수 있나요?' 라는 질문을 담당강사에게 하게 된다. 이때 강사들의 답변은 대부분 '스쿠버다이빙은 압축공기를 사용하여 호흡을 하는 운동이라 수영을 하지 못해도 배울 수 있습니다' 라고 답변을 한다. 그렇게 답변을 하는 것은 스쿠버다이빙을 즐기는데 절대적으로 수영능력이 필요한 것은 아니고, 정해진 절차를 따라 운동을 한다면 수영을 못해도 할 수 있기 때문이다. 하지만 그것은 OW까지의 입문단계에서 그렇다는 의미이지 고급기술을 습득하며 새로운 도전을 즐기는 AD, MS단계에서는, 수영능력은 절대적으로 필요한 기술조건으로 변한다. 그렇다면 고수가 되기 위해서는 '어느 정도의 수영능력을 가지고 있어야 할까?' 가장 기본적인 수준은 생존과 직결되는 50m 수영능력이다(다이빙현장에서 50m 이상의 거리를 생존수영으로 이동해야 하는 경우는 거의 발생하지 않는다). 그래서 그것을 목표로 연습을 하게 되는데, 일정시간의 노력을 한다면 누구나 성공할 수 있다. 그러한 성공은 기대 하지 못했던 다른 능력을 부가적으로 가지게 된다. 그것은 50m 뿐만 아니라 추후에는 1km 이상, 수영이 가능해지는 수영 기초능력을 확보하는 것이다. 성인들의 경우, 신체가 건강한 상태에서 걸어서 평지를 이동 할 때 100m 를 중간에 힘들어서 쉬었다가 가는 경우는 거의 없다.

즉, 그 만큼의 거리는 성인의 기초체력에 전혀 부담 없는 체력적 능력범위 안에 있기 때문이다. 수영도 마찬가지가 된다. 처음 25m 수영을 배울 때 호흡이 어렵고 몸에 너무 힘이 들어간 상태에서 수영을 하므로 물에 빠지지 않기 위해서는 필요량보다 많은 부력이 필요하고 그런 이유로 더 많은 발차기와 손놀림을 하게 된다. 그래서 25m 만 이동을 해도 숨이 차서 가쁜 숨을 몰아쉬게 되는 것이다. 그런 분들은 처음부터 수영으로 25m , 50m 를 도전하기 전에 우선 힘을 빼고 물위에 떠있는 부력유지 연습을 우선적으로 할 것을 권장한다. 그렇게 수면 부력유지가 가능해지면 수영을 하며 이동을 하다, 힘든 상황이 되면 잠깐 물위에서 쉬면서 호흡을 고르는 시간을 가질 수 있기 때문이다. 그래서 수면 부력유지가 가장 필요한 기본기술이 되는 것이다. 이렇게 수면 부력유지가 편안한 상태에서 가능해진다면 수영으로 이동하다 힘들면 쉬었다 가는 것이 가능해지고 그것은 이론적으로 체력고갈이 되지 않는 한, 장거리 수영이동이 가능해진다는 이야기가 된다. 특히 다이버의 경우 물속에서 슈트를 입고 있는 경우가 대부분이라 일정부분 양성부력을 확보한 상태로 수영을 하게 되고, 그러한 조건은 보다 멀리 , 보다 오랜 시간 수영이 가능해지는 것이다. 고수의 기술부분에서 다시 자세히 다루겠지만 다이빙환경에서는 수영의 영법이 중요하지 않다. 자유형이든, 평형이든 본인이 편안하고 효율적으로 오래 할 수 있는

영법을 사용하면 된다. 누구는 평형을 사용한 이동이 오랫동안 멀리 갈 수 있어 '평형을 하는 것이 맞다' 는 주장을 하고 어떤 사람은 자유형이 최고의 효율을 보이기 때문에 '자유형을 사용하는 것이 맞다' 는 주장을 한다. 하지만 다이버가 수영을 통해 어디론가 이동을 해야 하는 상황에서 자유형, 평형 같은 영법의 차이는 의미가 없다. 파도가 있는 바다에서 평형으로 이동하는 것은 제자리에서 맴도는 상황이 될 수 있고, 주변을 확인하지 않고 앞으로만 직진하는 자유형은 엉뚱한 방향으로 이동을 할 수 있다. 그래서 자유형이나 평형 같은 여러 가지 영법을 섞어가며 중간, 중간 방향도 확인하고 목적지까지 정확하고 빠르게 이동하는 것이 최선이 된다. 수영을 배우는 교재는 서점에서 얼마든지 구할 수 있고 집 근처 스포츠센터에 등록을 하면 그렇게 큰 비용을 들이지 않고 배울 수 있다. 진정한 다이빙고수가 되기 위해서는 수영으로 50m 뿐만 아니라 1km 이상 갈 수 있는 수영능력을 확보하고 있어야 한다. 수영을 못 하는 다이빙고수는 있을 수 없다.

www.psdc.kr

잠영능력

고수가 되기 위한 능력에 '잠영능력은 왜? 필요할까?' 그것은 자신감확보 때문이다. 사람은 누구나 30초 이상의 숨을 참을 수 있다. 이러한 능력은 훈련을 통하여 연장시킬 수 있는데 조금만 훈련을 해도 1~2분 정도의 숨 참기

가 가능해진다. 즉, 최소 1분 정도의 숨 참기는 훈련을 통해 쉽게 이룰 수 있는 능력이 된다는 이야기다. 우리가 1분이라는 시간을 생각해보면 짧은 시간이라고 말하기는 어려운 시간이다. 특히 물속에서 촉각을 다투는 긴급상황이 된다면 1분이라는 여유시간을 확보하게 되면, 어떤 위기상황이라도 탈 출 할 수 있는 시간이 된다는 말이 된다. 이러한 여유시간을 확보하기 위해서는 본인의 숨 참기 능력이 준비되어야 한다. 그리고 그것을 가장 쉽게 연습 할 수 있는 항목이 잠영이다. 어느 정도 훈련된 다이버가 25m

잠영을 시도하면 약 30초 내외의 시간으로 완료할 수 있게 된다. 그것은 훈련된 다이버는 '30초 이상의 숨 참기'가 가능하기 때문에 누구나 25m 잠영을 성공할 수 있게 되는 것이다. 하지만 누구나 최초시도에

서 성공할 수 없는 것은 처음 물속에서 경험하는 공포와 비슷한 이유 때문이다. 잠영을 하며 이동하다가 숨이 차면 '내가 물 밖으로 나가지 못하고 여기서 죽을 수 있는 것 아닌가?' 라는 생각을 하게 된다. 이러한 공포는 더 이상 잠영을 진행하지 못하고 중간에 포기하고 올라오게 되는 결과를 만든다. 그러나 그러한 두려움을 한 번이라도 이겨내고 25m 잠영을 성공하게 되면 자신감이 생긴다. 자신감이 만들어지는 과정은 반복된 훈련으로 충분한 경험이 축적되면 자연스럽게 기술이 완성되며 자신감이 가득해 진다. 25m 잠영을 성공하게 되면 물에 대한 두려움이 최초시도를 하던 당시와 비교해서 반 이상 줄게 되며, 본인의 능력에 대한 믿음이 생겨 다이빙을 진행하는 것에도 두려움을 줄일 수 있게 된다. 처음 운전면허를 따고 일반도로에 나갔을 때 도로 위 모든 차량이 공포에 대상으로 보였던 기억을 생각해보면, 잠영을 성공한 이후 처음 잠영을 시도할 때 두려움에 대한 기억이 약간은 창피한 기억으로 떠오른다. 우리가 집 근처에서 쉽게 갈 수 있는 실내 수영장의 풀 크기는 작은 것은 17m, 큰 것은 25~50m 규격으로 만들어져 있다. 그 점을 감안해서 훈련을 하면 된다.

중성부력

 다이빙고수와 초급자를 구분하는 가장 확실하고 간단한 평가가 중성부력이다. 보트에서 처음만난 사람에게 이런저런 허풍을 떨며 본인의 다이빙경험을 과장되게 이야기하는 다이버가 간혹 있다. 본인의 잊지 못할 경험을 이야기하고 싶은 생각에 말을 하지만 듣는 사람 입장에서는 어떻게 보면 자기 자랑이 될 수 있고 단순히 허풍으로만 보여 지기도 한다. 이런 과장된 행동을 보이는 다이버들은 대부분 물속에 입수를 하면 여지없이 본인의 실력을 과하게 보여준다. 기본적인 중성부력을 맞추지 못해 서서 걸어 다니는 모습으로 이동을 하고, 주변 사람을 확인하지 않고 핀으로 차는 경우도 많으며 발밑에 상황을 보지 않아 산호 같은 소중한 자원을 사정없이 훼손하는 심각한 행위를 아무 생각 없이 하게 된다. 이러한 행동은 최초의 OW교육과정에서 부족한 교육이 원인이 될 수 있지만, 그것 보다는 그 사람의 성격적인 부분이 더욱 큰 이유가 될 수 있다. 그렇게 다이빙을 끝내고 올라오면 그 사람은 실력으로 평가받게 되며 그 사람이 이야기하는 모든 이야기는 '단순히 과장된 허풍' 으로만 들리게 된다. 이런 문제 있는 행동을 본인도 모르게 하게 되는 결정적인

원인에는 결정적으로 다이빙기술의 부족에 있다. 중성부력이라는 가장 기초적이고 중요한 기술을 지속적으로 연습하여 본인의 것으로 만들지 않고, 단순히 다이빙경험만 추가하는 잘못된 다이빙

습관 때문이다.

OW교육을 끝내고 바다실습을 할 때 '바다에서는 새로운 기술을 연습하는 것이 아니다'라는 이야기를 듣는다. 안전이 확보되지 않은 바다환경에서 새로운 기술을 연습하는 것은 문제를 발생시킬 수 있기 때문에 그러한 제한을 두는 것이다. 그런데 바다에서 중성부력을 연습하는 것은 다른 다이빙기술을 연습하는 것과는 다른 의미가 있다. 그것은 새로운 기술에 대한 연습과 시도가 되는 것이 아니고 본인의 실력을 연마하는 과정이 되는 것이다.

처음 바다실습을 할 때는 필요한 웨이트보다 2~3kg 을 더 착용하는 것을 권장한다. 그러한 이유는 다이빙을 마무리하는 5m 안전정지구간에서 잠깐의 시간을 보낼 때 자꾸 물위로 떠오르는 현상이 발생한다(본인이 사용하던 공기통에 공기를 많이 사용하게 되어 공기통이 음성부력에서 양성부력으로 변화되어). 그래서 이 때를 대비해서 2~3kg 정도의 추가적인 웨이트를 착용하게 되는 것이다. 또 하나 초급자시절 많이 실수하는 부분이 있는데, 깊은 수심으로 잠수해서 이동을 할 때는 중성부력을 맞추기 위해 BC에 공기를 약간 주입한 상태에서 다이빙을 진행하게 된다. 그렇게 다이빙을 무사히 끝내고 상승을 할 때 BC에 남아 있는 공기를 적절히 빼주며 수심에 맞는 중성부력을 유지하는 절차를 해야 하는데 상승을 하며 공기를 배출하는 행동을 잊게 되는 실수를 종종 한다. 그것은 깊은 수심에서 주입한 BC내부의 공기량이 수심이 상승되며 점점 부풀어 올라 어느 순간, 과도한 양성부력을 발생시키는 현상 때문이다.

www.psdc.kr

그래서 하강을 할 때, 중간에 이동을 할 때, 상승을 할 때 BC의 공기량을 상황에 맞게 적절히 조절해서 중성부력을 유지하는 것이 매우 중요한 다이빙 절차 중에 하나가 된다. 다이빙경험이 좀 더 많아지고 본인이 점점 고수의 길로 가게 되면 최초에 착용했던 웨이트의 무게가 점점 부담스러워 지는 것을 느끼게 된다. 초급자 시절에는 필요한 웨이트보다 과한무게를 착용하지 않으면 입수하기 어렵고 안전정지시점에 급상승을 하는 경험을 하게 되어 본인 스스로 조금 더 무거운 량의 웨이트를 착용하려 한다. 하지만 과도한 웨이트는 물속에서 체력을 많이 소모하게 만들어 빠른 공기소모를 유도한다. 그래서 어느 정도 중성부력의 통제가 수월해지면 조금씩 웨이트의 량을 줄여나가는 연습이 필요하다. 우리가 권장하는 레크리에이션 다이빙한계 (30m 이내)의 수심에서는 웨이트가 없이 호흡하는 폐에 공기를 조절을 통해서도 충분한 중성부력을 유지 할 수 있다. 즉, 숨을 크게 들이쉬면 위로 올라가고, 내쉬면 물속으로 하강하는 현상을 이용해서 충분한 중성부력유지가 가능하다는 이야기가 된다. 열대바다 지역에서 2mm 두께의 스킨 슈트를 입는 경우는 웨이트를 착용하지 않고 다이빙을 진행할 수 있다. 그것은 고수의 기술에 속하며 그러한 고수의 기술을 갖게 된다면 다이빙시간을 30분이 아닌, 1시간까지 연장할 수 있는 놀라운 변화를 경험할 수 있다. '중성부력은 다이빙 기술의 시작이고 끝이다' 라고 할 수 있는 중요한 기술이다. 수영장뿐만 아니라 바다에서도 본인이 중성부력을 적절히 유지하는 연습을 하며 중성

부력에 집중하는 다이빙을 해야 중성부력을 본인의 기술로 완성 할 수 있다.

로그기록

 고수가 되려면 물밥을 많이 먹어야 한다는 이야기를 듣는다. 우리가 다이빙현장에서 100회 이상의 다이빙을 경험한 다이버의 움직임을 보면 안정적이고 편안한 자연스러움을 느낄 수 있다. 전업으로 다이빙을 지속하는 사람이 아니고 일반 레저다이버가 100회의 다이빙을 경험한다는 이야기는 적지 않은 시간과 노력, 그리고 비용을 투자했다는 말이 된다. 국내다이빙의 경우 1박 2일 동안 다이빙을 해도 4~6회 정도의 다이빙경험을 가지기 어렵다. 또한, 해외투어를 가도 이동 시간, 관광 시간(비행 금지 시간)을 제외하면 최대 10회 이상의 다이빙을 하기 어려운 것이 현실이다. 매년 해외투어를 1회씩 가고, 매달 1회 이상의 국내다이빙을 매년 6개월씩 한다고 가정을 하여도 100회 다이빙은 3~5년의 꾸준한 다이빙활동을 해야 가능한 로그기록이 된다. 즉, 100회 이상의 다이버에게는 '당신은 다이빙고수다' 라는 말을 해도 될 만큼의 충분한 다이빙경험이 있다는 말이 된다. 그런데 여기서 중요한 점이 있다. 초급자시절의 다이빙경험은 기억하기 힘들고, 상급자가 되면 기록의 중요성을 망각하는 실수를 하는 사람이 많다는 것이다. 본인이 100회 이상의 다이빙 경험을 했다고 이야기하는 다이버들에게 그 증빙을 보여 달라고 하면, 90% 의 사람들이 주변 사람들과의 기억이 증거라고 한다. 그것 또한 본인에게는 잊을 수 없는 경험으로

절대 사라지지 않는 증빙이지만 다른 사람의 간접 기억에는 한계가 있고, 절대 영원히 기억되지 않는다. 그래서 우리는 다이빙기록을 지워지지 않는 기록매체에 기록해야 하는 것이다. 다이빙기록의 중요성은 단순히 증빙을 유지하기 위한 것만은 아니다. 본인이 경험한 기억을 본인이 읽어보고, 본인의 기술개선을 위해 참고자료로 사용하기 위함이 가장 중요한 목적이 된다. 즉, 누군가에게 자랑하고 인정받기 위함이 아니라, 본인의 만족을 위해 기록하는 본인의 인생기록이 되는 것이다. 다이빙로그의 기록요령은 자세히 기록하는 것이다. 처음 기록을 시작할 때부터 조금은 귀찮아도 더 상세히, 방금 전 다이빙을 떠올리며 기록을 하는 습관을 가져야 한다. 본인이 추후에 기록을 읽어볼 때 상세한 기록은 분명히 당신에게 도움이 된다. 이러한 기록들이 외부에 공개된다면, 다른 다이버에게 매우 유용한 정보로 활용될 수 있다. 본인 또한 다른 다이버의 기록을 열람해서 본인의 다이빙계획을 수립하는데 도움을 받을 수 있다. 고수로 인정받기 위함이 가장 큰 목적은 아니지만 이러한 다이빙기록은 고수로 인정받는 가장 확실한 이력이 된다.

반복경험의 시간

다이빙을 시작할 때는 다이빙을 하면서 겪는 일반적인 상황이 기록되지 않는다. 즉, 어떻게 시간이 흘렀는지 조차 기억나지 않는 경우가 대부분이다. 본인이 본인의 안전을 확신하지 못하는 두려움에 주변을 돌아볼 여유를 전혀 갖지 못하며, 본인이 경험한 상황을 기억으로 남기기는 여유보다 '위험상황' 에서 벗어났다는 안도감만 가득하게 된다. 하지만 다이빙경험이 계속 되고 점점 시간이 흐르면서 한 가지, 두 가지 상황이 눈에 들어오게 되고 다른 다이버들이 잘하고 있는지, 본인이 잘하고 있는지, 못하고 있는지를 점점 알게 된다. 그렇게 조금씩 주변을 인식하기 시작하면 점점 더 알게 되는 것이 다이빙고수들의 모습이다. 다이빙고수가 된 사람들은 다이빙을 대기하며 자리에 앉아 있는 기다리는 모습에서 이미 고수의 느낌이 물씬 풍긴다. 거의 긴장하지 않은 모습부터, 주변을 배려하는 모습까지 진정한고수의 모습을 관찰할 수 있다. 그러면 누구나 초급자시절에는 '나도 빨리 다이빙고수가 되겠어!' 라는 생각을 하게 된다. 그럼 이미 그렇게 다이빙고수

가 된 사람들은 어떤 과정을 거쳐 다이빙고수가 되었을까? 특별한 교육을 받아서? 다이빙을 잘하는 타고난 유전자? 아니다. 여러분과 같이 초급자의 시간을 보내고, 오랜 다이빙경험을 통하여 다이빙고

수가 된 것이다. 다이빙고수의 모습을 보이는 사람들 중에 100회 이하의 다이빙로그를 가지는 사람이 드문 것은 누구나 100회 이상의 다이빙경력을 가지게 되면 다이빙고수의 반열에 오를 수 있다는 희망적인 이야기가 된다(물론 다이빙원칙을 지키는 다이빙을 하면서 지속적으로 본인의 실력을 연마하기 위해 노력을 게을리 하면 안 되는 것은 필수 조건이다). 그렇게 많은 다이빙경험을 하면서 다이빙기술이나 다이빙지식들은 본인의 노력에 따라 다르게 발전을 한다. 하지만 한 가지 공통적으로 발전하는 것은 '여유를 갖게 되는 심리상태' 이다. 어떤 어려운 상황이라도 지속적으로 노출되고, 그 상황을 극복하는 경험을 하게 되면 초급자들이 보기에는 어려워 보이는 상황도 다이빙고수에게는 쉬운 상황이 될 수 있는 것이다. 아이들이 처음 걸음마를 배울 때, 수없이 넘어지고 꼬꾸라지면서 연습을 한다. 걸음마가 어느 정도 완벽해지면 어느 순간부터 달리기를 시도하게 된다. 그렇게 성장기를 지나고 성인이 된 지금,

누구나 걸음걸이에는 이미 엄청난 고수가 되어 있다. 우리가 계단을 내려갈 때를 생각해보면 한 계단, 한 계단을 매번 바라보면서 내려가지 않는다. 슬쩍 한 번 바라보고 친구와 이야기 하면서, 또는 핸드폰을 보면서 내려간다. 요즘 개발되고 있는 2족 보행 로봇이 계단을 오르는 기술을 적용하는데 얼마나 어려운지를 보면 간단해 보이는 기술을 활용하는 것이 얼마나 어려운 일인지 알 수 있다. 그리고 우리는 이미 엄청난 기술을 매일 자연스럽게 행동하고 있는 것이다. 그렇게 완벽한 기술을 몸에 익히기까지 얼마나 많은 시간이 흘렀는가를 대비해서 생각해보면 물속에서 다이빙을 하면서 쉽게 다이빙고수가 되려는 생각은 무리한 욕심이라는 것을 알 수 있다.

100회의 다이빙!

그것은 여러분이 다이빙고수로 누구에게나 인정받을 수 있는 최소한의 다이빙경험이고, 또 다른 다이빙인생의 시작점이다. 열정을 가지고 끝없는 도전으로 다이빙경험을 축적하여 다이빙고수의 길로 들어서기 바란다.

55

03 매너는 고수의 기본

초급자들은 다이빙을 처음 시작할 때 다이빙을 하면서 경험하는 순간들을 거의 기억하지 못한다. 방금 전 다이빙을 끝내고 올라와 배위에서 이야기를 나누어보면 10분 전 관찰한 생물체들을 기억하기 힘들어 한다. 그것은 다이빙의 목적이 될 수 있는 수중생명체의 관찰이나 새로운 지역에 대한 탐사 같은 행위를 할 수 있는 실력이 되지 못하기 때문이다. 다이빙리더의 뒤를 따라 다니며 본인의 장비를 조절하고, 공기가 떨어지지 않도록 주의를 하며, 앞사람을 따라 다니며 안전하게 다이빙을 끝내는 것을 당면한 과제로 인식하게 된다. 이렇게 같은 지역에 다이빙경험을 하여도 다이빙초급자와 다이빙고수가 느끼는 다이빙포인트에 대한 감응이 다른 것은 어쩔 수 없는 사실이다. 이러한 다이빙초급자의 심리상태는 다이빙경험이 많아지면서 자연스럽게 극복이 된다. 다이빙초급자 시절에는 볼 수 없고, 느낄 수 없었던 새로운 즐거움이 다이빙고수에게는 행복한 경험으로 축적이 되는 것이다. 그렇게 성장과정에서 느끼는 경험이 누구나에게 있지만 같은 시간을 경험하는 동료 다이버의 팀원에 대한 배려에 따라 그 성장 과정이 사뭇 다를 수 있다. 어떤 사람에게는 스트레스와 공포의 경험들로만 기억되고, 어떤 사람에게는 본인

을 배려했던 다른 다이버에 대한 고마움이 기억될 수 있다. 다이빙고수에게는 편안한 상태의 바다를 다이빙초급자는 공포의 바다로 느낄 수 있다. 이런 상태의 다이빙 초 급 자 에

게 다이빙고수로써 여유로운 배려를 한다면 다이빙초급자는 한결 편안한 다이빙경험을 할 수 있는 기회를 갖게 된다. 그래서 다이빙현장에서는 다이빙초급자를 위한 배려가 매우 중요한 덕목이 된다.

다이빙은 여러 명이 하는 스포츠

 다이빙리조트에 가서 혼자 다이빙을 왔다고 하면, 리조트직원의 대응에서 약간의 어색함을 느낄 수 있다. 대부분의 FUN 다이빙을 즐기는 사람들은 다이빙을 팀 단위로 진행을 하며, 다이빙절차에 대한 준비와 진행은 팀을 이끌고 있는 강사 또는 다이빙리더가 주관을 하는 모습이 일반적이기 때문이다. 처음 OW라이선스를 취득하고 이제부터 세계 어느 나라, 어느 곳이라도 다이빙을 갈 수 있겠다고 생각을 해보지만 여행계획을 세우고 다이빙리조트를 알아보는 것에서 부터 벽에 부딪치는 것이 현실이다. 다이빙인구가 우리보다 10배 이상 많은 일본 같은 곳은 다이빙투어를 패키지상품으로 만들어 여행사에서 여행상품으로 1년 내내 판매를 하므로 본인이 원하는 지역과 기간만 정하면, 얼마든지 원하는 조건에 맞춰 다양한 선택을 할 수 있다. 하지만 우리나라의 경우 아직 다이빙인구의 저변확대도 부족하고, 여행업계의 실정도 다이빙으로 전문화된 여행사가 시작단계에 있다. 그래서 당분간은 다이빙투어를 여행상품으로 만나기는 어려워 보인다. 이런 상황에서 혼자 다이빙을 계획하고 진행하는 것은 정말 힘들고 어렵다. 그런 이유로 다이빙동호회 같은 곳에 회원으로 가입해서 소규모로 기획되는 다이빙투어에 참가해서 따라가는 방법을 선택하는 것이다. 이

런 다이빙투어는 투어의 시작인 이동부터 다이빙진행, 숙박 등 모든 행동을 같이 진행하는 다이빙팀과 같이 해야 하고 그것은 단체생활의 기본을 지켜야 한다는 약간의 제약이 따르는 것이다. 다이빙시작시간 같은 약속시간을 철저히 지켜주어야 함은 물론이고 혼자 행동을 할 때 팀 리더에게 이야기를 해야 하는 것은 당연한 행동수칙이다. 이런 단체행동에서는 서로를 배려하는 배려심이 매우 중요하다. 특히 초급다이버와 힘(힘이 필요한 근육에 근력)이 부족한 여성다이버에 대한 배려는 더욱 중요한 사안이 된다. 물론 다이빙리더의 적절한 버디 결정으로 물속에서까지 그렇게 걱정할 필요는 없다. 하지만 보트 위에서와 같은 좁은 공간에서 움직임은 항상 주변을 살피고 남을 배려해야 한다. 다이빙을 끝내고 올라와 체력저하로 힘든 상태에서 장비를 아무 곳에 방치하면, 다른 다이버에게 밟히거나 공기통에 눌려 파손되는 경우가 발생할 수 있다. 본인이 힘들지만 본인과 똑같이 다른 다이버도 힘든 상태이기 때문에 다른 사람에게 불편을 줄 수 있는 행동은 주의하고 자제해야 한다.

서로에게 배려하는 것은 서로가 편해지는 것으로 모두에게 도움이 되는 최선의 행동이다.

다이빙은 장비의 스포츠

다이빙장비의 가격은 천차만별이고 가격 또한 매우 비싸다. 그래서 본인이 즐기는 취미생활을 위해 구입한 장비 중에 아마도 본인에게 가장 비싼 장비가 될 것이다. 다시 말하면 본인이 레저 스포츠를 즐기는데 투자한 장비 중에 가장 고가의 장비 중에 하나일 것이다. 그만큼 소중히 다루어져야 하는 것이다. 특히 호흡기, 마스크 같은 생명에 직접 연결되는 필수장비는 더욱 더 소중히 다루어져야 한다. 만약 다이빙현장에서 그런 필수장비가 파손되면 장비의 소유자는 다이빙을 중단해야 하는 불편한 상황을 맞을 수 있다. 장비와 관련된 일화를 한 가지 소개하면 아래와 같다.

A씨는 손목에 차던 컴퓨터 외에 추가적으로 게이지와 일체형으로 제작된 컴퓨터를 백업용으로 하나 더 가지고 다이빙을 하였다. 다이빙을 끝내고 올라와 힘든 상태에서 공기통이 결합된 BC를 그냥 보트 위에 방치하였고 게이지가 옆으로 빠져나와 있었지만 신경 쓰지 않았다.

다른 다이버들이 올라오고 있었고 다른 다이버들 역시 힘든 모습으로 장비를 그대로 벗어 A씨의 장비 옆에 내려두었다. 그렇게 장비가 포개져 쌓여 있었고 항구로 돌아와 제일 밑에 있던 본인의 장비를 들던 A씨는 컴퓨터표면에 가는 금이 생긴 것을 보았다. 어떤 특정한 사람의 장비가 충격을 줘서 파손했다고 볼 수 있지만, 누구의 장비가 그랬는지? 누가 장비를 내려놓으며 그랬는지 알 수 가 없었다. 분명히 누군가의 장비에 눌려 그렇게 된 것은 확실했다. 그래도 그렇게 크게 금이 생긴 것은 아니겠지 생각을 하고 '다이빙을 끝내고 AS를 보내야지'라는 생각으로 다이빙을 진행하였다. 그런데 두 번째 다이빙을 하고 상승을 하는데, 상승과정에서 컴퓨터가 작동을 하지 않고 꺼졌다. A씨는 집에 돌아와서 즉시 AS를 보냈지만 '바닷물 침수로 인한 AS는 불가하다'는 통보를 받았다. 그렇게 고가의 장비 중 하나인 A씨의 컴퓨터는 쓰레기통에 버려졌다.

우선은 A씨가 장비를 BC안으로 잘 넣어 두지 않은 실수가 가장 큰 원인이다. 하지만 다른 사람의 장비를 확인하지 않고, 다른 사람의 장비인 게이지 위로 공기통을 충격을 주며 내려놓은 어떤 다이버의 잘못이 파손의 직접적인 원인이 된다. 본인의 장비가 소중한 만큼 다른 사람의 장비도 소중하다. 모든 장비를 본인의 장비처럼 생각하고 아껴서 주의 하는 것은 우리 모두에게 도움이 된다.

www.psdc.kr

다른 사람을 배려하기

이제 점점 다이빙이 쉬워지고 여유가 생기게 되면 안 보이던 것들이 보이게 된다. 본인은 처음다이빙을 배울 때 실수를 많이 하지 않았는데 다른 사람의 교육 받는 모습을 보면, 실수하는 모습이 그렇게 우습게 보이고 때로는 안쓰럽게 생각된다. '잠시 본인의 예전 모습을 떠올려 보자?' 수영장 교육을 끝내고 처음바다에 입수하기 위해 배위에 서 있을 때, 깊이를 알 수 없는 바다가 무섭게 다가오던 공포감을 떠 올린다면 처음교육을 받는 OW교육생의 모습과 본인의 초급자시절 모습이 별반 다르지 않음을 알 수 있다. 처음 OW교육을 받던 그때는 본인의 상황을 추스르기에 급급해 주변을 관찰할 여유가 없었고 다른 생각은 전혀 나지 않았었다. 지금 이 책을 보고 있는 당신은 아마도 이미 초급다이버의 모습을 벗어났을 것이다. 그렇다면 당신은 'OW교육생에게 어떠한 배려를 할 수 있을까?' 그것은 우리가 처음 운전면허를 따고 도로연수를 할 때, 학원에서 도로주행 연습을 위해 학원차를 몰고 도로로 나갔을 때를 떠 올리면 유추할 수 있다. 당신이 도로를

달리는데 앞 쪽에 천천히 서행하고 있는 운전교습차량이 있다면 어떻게 하는 것이 좋은가? '빨리 가라고 빵빵거리며 위협을 주는가?' 아니면 '혹시 갑자기 차선을 변경해서

내차와 접촉사고를 내지 않을까? 라는 생각을 하면서 피해서 가는가? 아마도 거의 대부분의 운전자들이 후자처럼 약간은 경계를 하면서 피해 갈 것이다. 운선교습차량에는 운전강사가 동승을 하고 있으며 상황을 충분히 통제를 하고 있다고 볼 수 있지만 운전교습차량 주변을 지날 때는 누구나 갑자기 발생할지 모르는 초보운전자의 돌발행동을 두려워한다. OW교육생의 경우도 똑같다. 대부분 인솔강사가 교육과정을 책임지며 통제를 하고 있지만, 교육생의 심리상태에 따라 종종 돌발행동을 하는 경우가 있기 때문이다. 그래서 OW교육생이 주변에 있을 때는 주의를 기울이고 조심하는 것이 좋다. 물론 돌발행동을 하더라도 인솔강사가 충분한 통제를 하고 있기 때문에 본인이 걱정할 필요는 없다. 하지만 같이 다이빙을 하는 입장에서 생각해본다면 OW교육생에게 도움이 필요하고 본인이 도움을 줄 수 있는 한계 내에 있다면 도움을 주는 것이 좋다. 그러나 본인이 먼저 앞질러 생각을 해서 '저 사람은 지금 도움이 필요해' 라고 생각을 하며 자세를 교정해 주거나, 아니면 특정방향으로 이동을 지시하는 것 같은 행동은 해서는 안 된다. 분명한 것은 OW교육생의 통제책임은 OW교육생 본인과 담당강사에게 있지, 단순히 같이 다이빙을 하고 있는 당신에게 있는 것은 아니기 때문이다.

주변을 관찰하기

 동해안 다이빙의 경우 입수를 하고 하강을 시작하면 완전히 바닥까지 내려간다. 바닥에 이르러서는 같이 다이빙을 하는 팀이 전부 모여서 다이빙리더를 따라 이동을 하는 경우가 대부분이다. 이때 초급자의 경우(물론, 얕은 수심일 경우)는 인솔강사가 먼저 데리고 내려가 바닥에 무릎을 꿇고 앉아서 기다릴 것을 지시하는 경우가 많다. 그렇게 초급자시절이 지나고 처음으로 해외다이빙을 나가는 경우, 인솔강사가 이야기를 해주지 않아 동해안 다이빙처럼 계속 하강해서 낭패를 보는 경우가 있다. 한 가지는 바닥에 있는 생물체를 확인하지 않고 바닥에서 앉아서 대기하다 산호, 성게 등에 찔리는 경우이고 다른 한 가지는 계획수심보다 깊이 하강하는 경우이다. 해외 다이빙포인트의 많은 부분을 차지하는 지형이 'WALL 다이빙지역'이다. 수심이 깊은 지역이지만 해안선부터 이어진 절벽을 따라서 2~30m 의 안전한 수심으로 이동을 하며 다이빙진행을 하는 지역을 말한다. 이 경우는 당연히 수심이 5~60m 를 훌쩍 넘는 깊은 지역이기 때문에 동해안다이빙을 생각하고 처음부터 바닥까지 하강을 했다가는 큰 위험에 봉착할 수 있다. 물론 사전브리핑을 통하여 주의사항을 전달받고 입수를 하겠지만 주의를 기울이지 않고 생각없이 내려가다가는 심각한 문제를 발생시킬 수 있으니 절대적으로 주의하여야 한다. 이런 실수를 사전에 예방하는 방법은 단순하다. 처음 가는

지역에서 다이빙을 할 때에는 현지가이드 보다 깊이 들어가는 일이 없도록 상기하며 다이빙을 하면 된다. 처음 이야기한 바닥을 확인하지 않고 앉는 행동은 주의를 기울여 다이빙을 하는 방법뿐이다. 국내바다의 모래바닥의 경우는 위해를 가하는 생명체가 거의 없어 앉아서 기다려도 거의 문제가 없다. 하지만 해외다이빙의 경우 '산호와 수중생물의 관찰을 목적으로 다이빙포인트'에서 다이빙이 진행되는 경우가 대부분이라 모래바닥을 만나는 경우는 드물다(모래바닥지역에는 국내바다와 다르게 가끔씩 가오리, 스톤피쉬 등 독을 품은 생물이 있을 수 있어 절대 앉으면 안 된다). 이렇게 산호지역을 다이빙 할 때 산호 위로 앉는 다면 본인이 산호에 찔려 상처를 입는 위험이 매우 크다. 그리고 산호 또한 본인의 장비에 파손이 되어 당신은 자연훼손의 주범이 되게 된다. 그러므로 주변을 면밀히 살펴보며 주의하여 위험요소에 접근하지 않도록 노력해야 한다. 그렇게 주변을 피해서 이동을 하려면 다이빙

고수의 가장 기초적인 기술인 중성부력을 유지하는 것이 중요하다. 그래서 다이빙고수의 기술에 중성부력유지를 으뜸으로 이야기하는 것이다. 후속장에서 추가적으로 이야기를 다루겠지만 '중성부력유지는 다이빙기술의 시작이고 끝이다'라고 단언할 수 있다. 아름다운 산호를 훼손하지 않으며 산호 가까운 지점에서 관찰하고 사진을 촬영하려면 중성부력유지가 잘 이루어져야 한다. 이러한 중성부력유지의 기술연습을 어떻게 해야 하는지는 뒤에서 자세히 설명을 더 하겠다.

다른 다이버의 실력은 평가불가

다이버의 다이빙실력은 매우 평가하기 어렵다. 객관적인 평가 기준이 있는 것도 아니고 특정기술을 구현할 수 있는지 여부가 라이선스를 획득하는데 필요충분요소가 되지도 않는다. 레저다이빙의 기본라이선스인 OW를 획득하고 난 이후, 다이빙고수가 되기까지 다양한 다이빙경험을 하면서 여러 가지의 기술이 복합적으로 발전하며 축적된다. 그렇게 다이빙고수의 실력을 갖추게 된다. 물론 중성부력유지 같은 매우 중요한 기술은 지속적인 경험만으로 이루어지는 것이 아니라 연습(제한수역)을 통하여 실력을 유지하며 발전시킬 수 있다. 하지만 나머지기술 들은 다이빙현장에서 그렇게 많이 사용되지 않아 특정한 기술을 다이버가 할 수 있는지 확인할 수 있는 방법이 별로 없다. AD, MS교육과정에서 교육하고 필수평가항목으로 들어가 있는 스킨베일아웃, 스쿠버베일아웃 같은 기술들은 실제 다이빙현장에서 사용되는 경우는 극히 제한적이다. 그만큼 다이빙현장에서 다른 다이버의 실력을 평가할 수 있는 기준은 모호하여 수준평가가 불가능하다고 말 할 수 있다. 그런데 다이빙현장에서는 간혹 다른 다이버의 실력을 평가하는 사람들이 있다. 다른 다이버를 평가하는 본인의 라이선스가 MS이상이고 많은 경험을 가진 다이버라고 하여도 함부로 다

www.psdc.kr

른 다이버를 평가하면 안 된다. 평가를 당하는 다이버가 어떤 행동을 보였을 때 그것이 의도적인 행동인지? 아니면 교육을 받는 연습과정 중에 시도한 행동인지? 알 수 없는 상황이라, 다른 다이버의 실력을 지적하고 조언을 하는 것은 매우 잘못된 행동이 된다. 특히, 담당강사나 다이빙 리더가 평가를 당한

다이버와 같은 팀으로 다이빙을 하는 경우, 듣기 불편한 상대방에 대한 평가는 그쪽 팀 전체에 대한 평가가 될 수 있어 감정싸움으로 발전할 수 있는 여지가 있다. 그렇기 때문에 다른 다이버의 다이빙실력에 대하여 평가하는 행위나, 행동에 대하여 지적하는 행위는 매우 주의 하여야 한다. 하지만 반드시 이야기해야 하는 예외상황도 있다. 만약, 특정 다이버가 문제 있는 행동을 해서 배에 같이 승선하고 있는 모든 사람에게 위험을 유발할 수 있다고 생각된다면 반드시 본인이 속한 다이빙팀의 리더에게 이야기를 해서 조치를 취할 수 있도록 해야 한다. 특정인의 잘 못된 행동으로 배위에 모든 사람에게 위험이 발생할 수 있는 상황이라면 더욱 빠른 조치를 해야 한다(다이빙

환경에서는 대부분의 다이빙팀 마다 리더가 있고 리더들이 모여서 다이빙계획, 철수계획 등 의견조율을 하게 된다).

가장 중요한 것은 안전

 다이빙을 나갈 때 바다 상태를 가장 잘 알고, 다이빙포인트의 정보를 정확히 알고 있는 사람은 다이빙보트의 선장이다. 다이빙포인트에 도착을 해서 입수결정을 하는 최종 책임과 권한은 본인에게 있지만 다이빙포인트에 접근과 입수허가는 다이빙보트의 선장이 결정한다. 그것은 다이빙을 진행하는 그 지역바다의 환경을 누구보다 잘 알고 있는 사람이 선장이고, 다이빙을 진행할 때 발생할 수 있는 위험도를 정확히 판단해줄 수 있는 사람도 선장이 된다. 그만큼 다이버가 다이빙을 즐기는데 중요한 역할을 하는 사람이 다이빙보트의 선장인 것이다.

 다이빙보트의 선장은 서비스업에 종사하는 사람들로 다이버에게 충분한 서비스를 제공하려고 노력을 한다. 입수하는 다이버의 수준을 재빠르게 파악을 해서 그 수준에 맞는 적절한 포인트로 안내를 하고 입수, 출수를 도와준다. 또한 출수지점과 다른 지점으로 상승하는 다이버의 안전한 픽업까지 책임지며 다이빙의 많은 부분을 담당한다. 다이빙보트가 큰 경우 다른 스텝들이 여러 가지 업무를 나눠서 도움주지만, 작은 다이빙보트의 경우 선장 한 명이 모든 일을 진행하는 경우도 많다. 하지만 그런 경우에도 다이빙인원이 적기 때문에 다이빙보트의 선장 한명이 모든 일을 원활히 처리를 할 수 있다. 다이빙보트의 선장은 탑승객의 안전을 최우선으로 한다. 그래서 안전은 어떠한 원칙보다 우선한다. 만약 다이빙보트가 잘못된다면 탑승한 모든 인원에 생명이 위험해 질 수 있기 때문이다. 이런 원칙을 기준으로 다이빙보트의 선장은 위험을 발생시킬 수 있는 행동을 매우 철저히 통제를 하는 편이다. 작은 다이빙보트가 이동 중에는 다이빙보트의 탑승자가 갑작스러운 이동을 하면 안 된다. 그것은 다이빙보트의 균형을 무너뜨리는 행동으로 매우 위험한 행동 중에 한 가지가 된다. 큰 규모의 다이빙보트의 경우에도 이동 중에는 밖으로 나가는 것을 금지하는 경우가 많은데 만약 이동이 필요하다면 다이빙보트의 스텝에게 물어보고 하락을 받고 이동하여야 한다.

 물속에서 다이빙을 진행하는 중간에는 다이빙보트에서 접근허가신호를 받지 않고 보트로 다가가는 행동이나, 보트 밑으로 잠수해서 들어가는 행동은 매우 위험한 행동으로 즉각적인 제지를 받는다. 이러한 제지는 모든 다이버의 안전을 위한 것이라는 점을 이해하고 따라야 한다. 그래서 다이빙보트의 선장의 명령은 100% 신뢰를 하고 따라야 하는 절대명령이 된다. 한 가지 추가해서 이야기 하면 다이빙을 끝내고 올라와서 공기통을 부착한 BC장비를

서있는 상태에서 벗으면 안 된다. 그것은 다이빙을 하며 체력이 떨어진 상태에서 잘 못하면 보트 바닥에 그대로 BC와 함께 공기통을 떨어뜨리는 실수를 할 수 있는데 그것은 부상과 다이빙보트의

바닥을 파손시킬 수 있는 매우 위험한 행동이 된다.

04 다이빙고수의 기술

다이빙고수의 모습을 보이려면 본 장에서 소개하고 있는 다이빙관련 고급기술을 습득하고 연습하면 된다. 그러한 고급기술을 본인만의 기술로 응용할 수 있는 상태가 된다면 당신에게 고수의 모습이 보인다는 이야기를 들을 수 있다. 하지만 본 장에서 소개하고 있는 기술 내용들은 고수가 되기 위한 몇 가지 대표기술을 소개하는 것이지 그것이 고수가 갖춰야할 기술의 전부가 아니란 점을 명심해야 한다. 다이빙이란 어떤 상황에, 어떤 일이 발생할지 아무도 모르는 변화무쌍한 세계이다. 그때, 그때 상황에 맞는 적절한 대처와 원활한 해결을 할 수 있는 실력을 가져야 한다. 고수의 실력이 발현되는 것은 요리사가 다양한 재료를 사용해서 음식을 만들 때 표준화된 레시피와 정확한 측량도구 없이도 평소의 감각만으로 맛있는 요리를 만드는 것과 같다. 다양한 고수의 기술들이 습득 과정과 반복적인 연습을 통하여 당신의 기술로 완벽히 숙지가 된다면 다이빙상황에 필요한 기술이 자연스럽게 나오게 될 것이다. 그러한 모습들이 당신을 고수로 평가 받게 하는 것이다. 지금부터는 한 가지, 한 가지씩 다이빙고수가 되려면 반드시 갖추어야 되는 고수의 기술을 쉽게 익힐 수 있도록 소개 한다.

50m 자유수영

 체험다이빙을 처음 경험 할 때 진행하는 스텝들은 항상 이야기를 한다. '다이빙은 수영을 못해도 배울 수 있습니다' 맞는 이야기다. 수영을 못해도 호흡기를 물고 압축공기를 호흡하며 실제 다이빙환경에서는 수면에서 수영으로 이동하는 활동이 거의 없는 스쿠버다이빙의 특성상 호흡에 전혀 문제가 없기 때문에 수영을 못해도 아무런 문제가 되지 않는다. 그래서 수영을 못해도 다이빙을 배울 수 있다고 이야기 하는 것이다. 그러면 진짜로 수영을 못해도 되는 것일까? 만약 당신이 다이빙을 갔을 때를 상상해보자. 다이빙을 진행 중간에 휴식시간이 되었다. 당신이 다이빙보트 난간에 기대어 쉬다가 갑자기 밀려온 파도로 심하게 흔들린 보트에서 실수로 물에 빠졌다면? 당신은 '다른 사람들이 분명히 도움을 준다' 라고 생각을 하며 안심하고 물위에서 기다릴 수 있는가? 당신을 수영을 할 수 없어 물위에 떠있는 것조차 버거운 상태이다. 그런 상황에 보트위에 사람들은 다른 생각을 하고 있다. 대부분의 다이버들은 다이빙을 지속적으로 즐기는 사람들은 당연히 수영을 할 수 있다고 생각한다.

그래서 다른 다이버가 물에 빠졌을 때, 그 사람이 실수로 빠졌다고 생각하는 것 보다 '수영을 즐기기 위해 입수를 했나?' 라는 생각을 하는 것이 일반

적인 사고방식이다(실제로 수면 대기시간에 물에 들어가 수영을 즐기는 다이버들이 많이 있다). 즉, 아무도 당신을 도와줄 생각을 하지 않는다. 물론 그런 상황이 닥친다

면 당신은 분명히 '살려주세요!' 를 목청껏 외칠 것이고 그때는 많은 다이버들이 도움을 주러 올 것이기 때문에 절대로 죽는 일은 발생하지 않는다. 그렇다면 그렇게 도움을 받아 올라오면 기분이 좋을까? 당신은 '휴~, 죽을 뻔 했네~' 라고 생각을 하면서 안도의 숨을 몰아쉴 것이다. 그런데 잠깐의 시간이 지나고 나면 아마도 당신은 쥐구멍에 들어가고 싶은 창피함을 느낄 것이다. 다이빙을 하는 사람이 수영을 못한다는 것은 요리사가 밥을 못 짓는 것과 같다. 더 이상 첨언을 하지 않아도 당신이 '왜? 수영을 할 줄 알아야 하는지' 이해될 것이다. 수영은 최소한의 생존수단 이기 때문이다. 그러면 다이빙에 필요한 수영은 어떤 것일까? '멋진 수영은 역시 버터플라이 영법이야' 라고 주장을 하며 접영을 배울 것인가? 아니다. 다이빙에서 필요한 수영은 말 그대로 '생존수영' 이다. 수영을 분류한다면 대표적인 4가지 영법으로 분류할 수 있다. 자유형, 평영, 배영, 접영이다. 네 가지 중에 가장 효율이 좋은 것은 자유형이고 가장 효율이 떨어지는 것은 접영이다. 그리고 다이빙환경에서 가장 유용하게 활용되는 영법이 평영이다. 그렇기 때문에 자유형과 평영을 먼저 배울 것을 추천한다. 수영을 배우는 방법은

www.psdc.kr

너무나 많은 교육 방법이 알려져 있고 본인이 살고 있는 지역의 스포츠센터에서 1개월 정도만 다니면 간단히 배울 수 있어 여기서는 소개하지는 않겠다. 만약, 당신이 바쁘고 시간이 없어 1개월 이상 수영장을 다닐 수 없다면 어떻게 하면 될까? '다이버의 생존수영을 빠르고 쉽게 배우는 방법은 있는가?' 결론부터 이야기 하면 수영을 쉽게 배우는 방법이 있다. 특히 다이버에게만 허락된 쉬운 방법이 있다. 다이버들은 최소 2mm 에서 7mm 까지 두께를 가지는 다이빙슈트를 입는다. 그런 다이빙슈트를 입었기 때문에 다이빙을 진행하며 쉬운 입수를 위해 웨이트를 착용한다. 즉, 웨이트를 착용하지 않으면 물속으로 들어가기 어렵다는 이야기가 된다. 다이빙슈트는 당신을 몸을 물위로 충분히 띄워주는 양성부력을 가지고 있고 부의 역할을 충실히 수행한다. 수영장에 가서 다이빙슈트를 입은 상태에서 물 위로 누워보자. 가만히 누워 있는 상태라면 몸이 충분히 물위에 떠 있는 것을 느낄 수 있다. 그 상태에서 몸을 세우면 머리까지 물속으로 가라앉지만 잠시간의 공포를 극복하며 숨을 참고 잠시만 뒤로 누워 본다면, 다시 물 위에 둥둥 뜨는 것을 느낄 수 있다. 또한 몸을 세운 상태에서는 다리를 앞뒤로 조금씩만 움직여 줘도 충분히 물 위에 떠 있을 수 있다. 당신에게는 다이빙슈트라는 강력한 도구가 있는 것이다. 다이빙슈트를 착용하고 있다면 당신은 절대 물에 빠지지 않는다. 그 상태에서

두 가지만 더 배우면 수영을 할 수 있게 된다. 한 가지는 호흡을 하는 것이고 다른 하나는 발차기와 손동작을 결합해서 앞으로 나가는 것이다. 호흡연습을 하는 것은 매우 쉽다. 수영장의 모서리를 잡고 물속으로 들어가는데 머리가 밖으로 나오면 들숨을 쉬고 물속으로 내려가면서 날숨을 쉬며, 다시 물 밖으로 나올 때까지 계속 날숨을 유지 하는 것이다. 이때 주의할 점은 물속으로 들어가는 시점에 코로 호흡을 내쉬어 주어야 물이 콧속으로 역류되지 않으며, 물 또한 먹지 않는다. 사람들은 누구나 30초 이상의 호흡정지시간을 가질 수 있기 때문에 물속으로 들어가고 나오는 타이밍과 호흡을 내쉬는 타이밍을 리듬감 있게 맞춘다면 어렵지 않게 할 수 있다. 그렇게 연습을 하면 물위에서도 물속에서도 호흡이 자연스러워 진다. 그 상태에서 이제 앞으로 이동하면 수영을 하게 되는 것이다. 이동을 할 때는 최초에는 한 호흡으로 2번 정도 팔 동작을 하고, 조금 자신감이 붙으면 한 호흡으로 4회 정도의 팔 동작을 한다. 그렇게 2회 또는 4회의 팔 동작을 하면서 호흡을 한 번씩 해주면 자유형으로 이동이 가능해지는 것이다. 그것을 반복하여 연습을 하면 수영을 생각보다 쉽게 마스터 할 수 있다. 인터넷에 수영관련 동영상을 찾아본다면 더욱 더 도움이 된다. 수영을 하는 것을 어렵게 생각하지 말고 평소에 우리가 걷기를 하는 것과 같은 상황이라 생각하면 쉽다. 당신에게 특별한 불편함이 없다면 100m 를 천천히 걸으며 이동하는 것은 어렵지 않다. 하지만 당신이 전력질주를 하며 15초 이내로 100m 를 가야 한다면 그것은 결코 쉬운 일이 아니다. 걷는 것은 쉬운데 뛰는 것이 어려운 것처럼, 천천히 하는 수영은 걷는 것  같이 쉽고, 올림픽 레이스처럼 빨리 가야 하는 수영은 어려운 것이다. 다행히 다이빙에서 필요한 생존수영은 천천히 50m 이상 이동이 가능한 수영이다. 가장 효율이 좋은 자유형을 통해서 이동을 하다가 방향을 확인해야 한다면, 몸을 세워서 평형으로 유지를 하며 방향을 확인하고 다시 자유형으로 이동을 하는 방법이 다이빙에서 필요한 수영기술이다. 실제 다이빙현장에서 수영이 절대적으로 필요하지는 않다. 하지만 물에 빠졌거나, 어딘가로 수영을 통해 이동을 해야 한다면 당신의 수영능력은 분명히 유용하게 사용될 것이다.

2분 부력유지

수영을 50m 이상 할 수 있는 다이버에게는 2분 이상의 부력유지는 매우 쉬운 기술이 된다. 이미 수영을 배우면서 몸을 세우고 발차기를 천천히 해준다면 충분히 떠 있을 수 있다는 것을 알고 있다. 그렇기 때문에 간단한 기술로 2분 이상의 부력유지가 가능해진다. 하지만, 그것은 오랜 시간 부력유지가 필요한 상황이라면 그 방법을 사용하는 것은 효율이 떨어지는 부력유지 방법이 된다. 즉, 끊김이 없이 지속적인 발차기를 해줘야 물 위에 떠 있을 수 있기 때문에 그런 행동은 아무리 힘을 쓰지 않고, 에너지를 최소한 사용을 하더라도 한계가 있을 수 있다. 그래서 다이빙에서는 가장 에너지를 덜 소모하는 효율적인 부력유지를 권장한다. 그것은 당연히 부의 같은 부력이 있는 무언가를 붙잡고 떠 있는 것이다. 우리가 다이빙을 할 때 착용하는 BC에 공기를 주입하면 당신뿐만 아니라, 당신의 버디도 같이 붙잡고 떠 있을 수 있는 충분한 양성부력을 제공받는다. 그렇게 떠 있는 것은 2분이 아니라 20분, 아니 2시간 이상 떠 있을 수 있는 것이다. 그런데 만약 BC 같은 부의 대용품도 없고 뭔가 붙잡을 수 있는 것이 아무것도 없다면 어떻게 할 것인가? 완전히 당신의 능력으로 떠 있어야 한다면? 그 방법 또한 그렇

게 어렵지 않다. 특히 우리가 다이빙을 즐기는 바다에서는 더욱 더 쉽다. 그냥 호흡을 크게 들이 마시고 하늘을 보고 눕기만 하면 된다. 성인 남자의 경우 들

이마시는 호흡 한 번으로 폐를 부풀릴 수 있는 용량이 최대 4~5ℓ 정도가 되고, 그 정도의 크기는 1.5ℓ 용량의 페트병을 3개 들고 있는 상태와 비슷한 부력이 생기는 것이다. 즉, 공기가 가득 찬 페트병 3개를 몸에 묶은 상태에서 잠수를 시도한다고 생각해보면 우리 몸을 물속으로 가라앉게 하는 것이 얼마나 어려운가 알 수 있다. 그렇게 들이마시는 호흡을 하고 다시 최대한 호흡을 내 뱉어도 우리의 폐 속에는 1.2~1.4ℓ 의 잔여 공기가 남아있게 된다. 이 또한 어느 정도 부력을 유지하는데 도움을 주는 것이 된다. 그래서 사람은 물위에 누웠을 경우 절대로 빠지지 않는 것이다. 거기에 더욱 더 양성 부력을 발생시켜 몸을 쉽게 떠 있을 수 있도록 도움을 주는 요인이 있다. 그것은 우리 몸속에 존재하는 지방세포이다. 아무리 마른 체형을 가진 사람도 일정량의 지방세포를 몸속에 가지고 있다. 이러한 지방세포는 양성부력을 가지고 있어 몸을 물위로 띄워주는 역할을 하는 것이다. 평균체형을 가진 성인남자의 체지방율이 15~20% 정도를 차지하고 있으니 몸무게 70kg 인 남자의 몸속에는 최대 14kg 의 지방세포가 존재하는 것이다. 지방세포를 간단하게 돼지의 비곗살이라고 떠올린다면 성인남성이 물속으로 잠수하기

위해서는 비곗살 23.3근 을 물속으로 가라앉게 만드는 음성부력이 필요한 것이다. 그래서 우리가 다이빙을 할 때 많게는 14kg 까지 웨이트를 추가로 착용해야 잠수가 가능한 것이다. 그래서 가장 간편한 부력유지 방법은 물위에 편안하게 누워있는 것이다. 결과적으로 당신은 그냥 누워있는 것만으로 2분 이상의 부력 유지를 충분히 할 수 있게 되는 것이다. 이때 한 가지 주의 할 점이 있다. 호흡을 할 때 들 숨을 짧게 하고, 내쉬는 숨은 천천히 길게 하며 내쉬는 호흡은 완전히 다 내보내지 않고 일정분량을 남겨두어야 한다. 즉, 다시 들이쉬는 호흡을 해서 폐 속에 공기를 충분히 유지해서 양성부력을 확보하는 것이 요령이 된다. 이런 기술을 바다에서 수행하는 경우, 예측하지 못한 파도가 어느 정도 있을 수 있다. 그래서 들숨을 쉴 때는 물결의 상태를 파악하고 파도가 덮치지 않는 상태에서 빠르게 들이쉬는 호흡을 해야 물을 먹지 않게 된다. 이렇게 간단한 기술을 가지고 중성부력을 연습한다면 당신은 2분이 아니라 10분 아니, 한 시간이상 물 위에 떠 있을 수 있게 된다. 당신이 2분 이상의 시간을 물위에서 기다릴 수 있다면 다이빙보트의 스텝으로부터 또는 당신의 버디로부터 당신이 도움을 받을 수 있는 시간을 충분히 확보하게 된다. 그것은 당신의 부력유지 기술이 다이빙의 안전을 담보하는 안전장치로 당신에게 도움을 준다.

17m 잠영

다이빙기술 훈련에서 17m 잠영을 연습할 때 '다이빙은 압축공기 호흡을 하며 물속을 다니는데 잠영기술이 왜 필요할까?' 라는 질문을 하게 된다. 실제 다이빙 현장에서는 잠영이 그

렇게 필요하지 않고 사용되는 경우는 매우 드물다. 그러면 '왜? 잠영기술이 고수의 기본기술에 들어가는가?' 그 것은 본인의 다이빙실력에 대한 자신감과 본인을 믿는 확신을 갖는 것에 목적이 있다. 만약, 당신이 수영장에서 한 번의 호흡으로 잠영을 통해 수영장을 가로지를 수 있다면 어떨까? 그런 당신의 모습을 지인에게 보여준다면 당신의 능력에 놀라움과 경의를 표할 것이다. 그것은 당신이 수영을 잘한다는 것을 인정받고 있다는 의미를 뜻한다. 당신이 17m 잠영에 성공했다는 것은 이미 수영의 기본 기술을 충분히 익힌 당신이 잠영을 하면서 이동을 하는 진행과정에서 어떻게 발차기를 하고, 어떻게 팔을 사용해야, 가장 효율적으로 이동할 수 있는지 훈련이 되었다는 이야기가 된다. 집주변에 있는 작은 수영장들은 대부분 17m 규격을 가지고 있고 그것보다 큰 규격이 25m X 50m 규모이다. 50m 수영장의 경우, 대회가 없는 평소 이용 상태에서는 25m 레인으로 가로줄을 쳐서 사용을 한다. 만약 당신이 17m 잠영에 성공하였다면 25m 잠영 또한 어렵지 않게 성공할 수 있다. 그렇게 잠영을 성공하고 본인의 수영실력에 대하여 자신감이 생기면,

다이빙실전에서는 비상탈출이 필요한 어떤 상황이 발생하여도 당신은 탈출을 성공할 수 있다는 이야기가 된다. 우리가 레저다이빙을 즐기는 수역이 30m 수심을 넘기지 않는다. 다이빙을 즐기는 과정에서 최악의 상황이 닥쳐 비상탈출을 감행해야 한다면 이미 잠영으로 준비된 기술을 사용해서 당신은 충분히 남의 도움 없이 당신의 수영실력으로 올라올 수 있는 능력을 가지게 되는 것이다. 물론, 그런 최악의 상황은 없어야 한다. 하지만 말 그대로 최악의 상황에 유일한 탈출 방법이 비상탈출이라면 당신은 자신감을 가지고 그것을 시도할 수 있고 시도해야 한다. 당신이 수영으로 50m 이상을 이동할 수 있고 잠영으로 17m 이상을 진행 할 수 있다면 다이빙을 하면서 혹시나 있을 수 있는 위험상황에 충분히 대처할 수 있는 능력을 가졌다는 이야기가 된다.

그럼, 잠영을 더 효율적으로 할 수 있는지 몇 가지 방법을 소개한다. 잠영을 시도할 때는 시작직전, 평상시호흡으로 3회를 하고 과도한 호흡으로 1회를 들이마시고 폐 속에 공기를 충분히 가지고 잠영을 시도한다. 또한 잠영으로 이동을 할 때는 수면 가까이에서 하는 것이 아니라 수면에서 더 깊은 곳으로 들어가면서 잠영을 하는 것이 보다 효율적이다(수심 3~5m). 그것은 수면 위에서 몸이 일부 나와 있는 상태에서 잠영을 하는 것은 수영과 같은 운동역학을 사용한다. 그래서 호흡을 하지 않고 이동을 하는 형태인 잠영을 물위에서 시도하는 것은 힘이 들고 빨리 나갈 수 없는

비효율적인 결과를 얻게 된다. 그래서 잠영을 할 때는 반드시 몸을 물속으로 완전히 가라앉힌 상태로 시도해야 한다. 물속에서는 잠영의 속도가 수영의 속노보다 빠르다. 즉, 물위에서 수영을 하는 것 보다, 물속에서 잠영을 하는 것이 더 빠른 이동이란 이야기다. 그것은 수영선수들이 대회를 할 때 출발선에서 최초입수를 해서 15m 이상 잠영을 못하게 규정으로 금지하고 있는 이유를 보면 알 수 있다. 다시 말해 잠영으로 17m 이동 하는 것이 수영으로 17m 이동하는 것보다 빠르게 도착한다는 말이다. 30초만 호흡을 멈추고 빠르게 킥을 한다면 누구나 17m 의 잠영을 성공할 수 있다.

중성부력

 중성부력은 다이빙기술의 시작과 끝이라고 강조를 해도 부족함이 없다. 그것은 다이빙이라는 운동의 특성이 물속에서 어딘가로 빠르게 이동을 하는 기술은 가끔씩 필요하지만, 특정지점에서 움직임이 없이 정지할 수 있는 기술을 더 필요로 하는 운동이기 때문이다. 즉, 중성부력은 위로 또는 아래로 움직이지 않고 같은 수심에서 떠 있을 수 있는 기술을 말한다. 초급자시절 물속으로 잘 가라앉지 않아 조금은 과도한 웨이트를 착용하고 이동을 하는데 그때 발생하는 음성부력을 상쇄하기 위해 BC에 공기를 적절히 주입을 해서 중성부력을 인위적으로 조절하는 경험을 누구나 한다. 그렇게 주입된 공기는 상승을 하는 시점에 적절히 조절하지 않으면 어느 순간 과도한 양성 부력을 발생시킨다. 그래서 초급자시절에 한두 번씩 원하지 않는 급상승을 경험하기도 한다. 급상승을 대비하고 편안한 이동을 위해 BC의 공기를 적절하게 조절하며 정확한 중성부력을 맞춰서 이동하는 연습이 필요하다. 다이빙을 배우는 초급자시절에는 본인도 모르는 사이에 조금씩 상승을 해서 혼자만

물위로 상승해 버리는 경우가 종종 발생한다. 그런 상황을 대비하기 위해 같이 다이빙을 하는 인솔강사는 초급자에게 필요한 만큼의 웨이트 보다 1~2kg 정도 추가적인 웨이

트를 권장한다. 즉, 6kg 의 웨이트로 충분한 다이버가 8kg 의 웨이트를 착용하고 다이빙을 하는 것이다. 그것은 이동 중에 중성부력을 맞추지 못하고 상승하는 위험도를 줄이는 목적도 있지만, 더 큰 이유는 5m 안전정지를 하는 시점에 급상승을 방지하는 것이다. 다이빙을 시작하는 입수시점에는 200bar의 공기를 가지고 들어간다. 그렇게 공기통에 공기가 가득한 상태에서는 공기통자체가 양성부력을 크게 생성하지 않는다. 하지만 다이빙을 진행하며 공기를 소모하고 남은 공기가 50bar 정도가 되는 안정정지 시점에서는 공기통내부에 비어있는 공간의 영향으로 공기통이 1~2kg 정도의 양성부력을 발생시킨다. 그때는 BC내부에 공기를 줄여서 중성부력을 조절해야 하는데 초급자시절에는 이러한 조절행동을 하기 어렵다. 그래서 초급자에게 필요한 량보다 많은 웨이트를 착용시키는 것이다. 상급자가 웨이트를 착용하는 무게는 최초 입수시점에 편안한 하강을 하기 위해서 1~2kg 정도의 음성부력이 필요한 상태인 최소한의 웨이트를 착용을 한다. 그렇게 입수한 상태에서 BC에 공기를 약간만 주입해서 이동을 하며 다이빙을 진행하고 안전정지가 필요한 5m 수심지역에서는 BC의 공기를 완전히 제거해서 중성부력을 맞추는

방식을 이용하는 편이다. 간단히 설명을 하면 초급자는 필요한 웨이트보다 1~2kg 정도 추가적인 웨이트를 착용하고 상급자는 상대적으로 1~2kg 부족한 웨이트를 착용한다

는 이야기가 된다. 웨
이트를 적게 착용한
다는 말은 물속에서
이동을 할 때 그만큼
체력소모를 줄일 수
있다. 에너지를 사용
하며 체력을 소모하
는 것은 공기의 소모
량과 직접적으로 연
결이 된다. 그래서 대
부분의 경우 상급자가 초급자보다 공기를 적게 소모하는 결과를 가져온다. 우리나라 동해안같이 차가운 바다에서 다이빙을 할 때는 200bar 의 공기로 2~30분 이상 다이빙을 하지 않는다. 그래서 상급자와 초급자의 공기소모량의 차이를 느낄 수 없다. 하지만 열대바다에서 다이빙을 하는 경우 최대 1시간까지 다이빙을 할 수 있는데 이때는 웨이트의 량에 따라 공기소모량의 차이가 크게 달라진다. 물론, 수온과 수심이라는 더 큰 변수가 있지만 웨이트가 공기소모량과 연관이 많다는 것은 입증된 사실이다. 그래서 웨이트를 줄이려는 노력이 필요한 것이다.

 중성부력을 쉽게 유지하는 방법은 다음과 같다. 하강을 시작하고 적절한 수심에 도착을 하면 BC에 공기를 주입해서 중성부력을 맞추는 시도를 한다. 이때 공기를 한 번에 많이 주입하지 말고 천천히 조금씩 주입을 하면서 부력의 차이를 확인하는 연습을 해야 한다. BC에 공기를 주입하는 요령은 조금씩 공기를 주입하면서 천천히 다시 상승을 하는 정도의 양성부력이 발생하는 정도가 되면, 다시 약간씩 공기를 배출한다. 그렇게 조금씩 공기를 배출하다보면 천천히 하강이 되는 정도에서 공기배출을 멈춘다. 이때 주의

할 점은 호흡은 천천히 중간정도의 깊지 않은 호흡을 하여야 한다(폐를 완전히 부풀리면 안 된다). 깊은 호흡을 할 경우는 호흡으로 폐속에 공기를 채워서 발생하는 양성부력이 BC의 공기로 인한 부력과 합쳐지며 + 또는 - 의 부력이 발생해서 부력조절이 매우 어려워지기 때문에 주의하여야 한다. 중성부력이 맞춰진 것을 확인하는 방법은 부력을 맞춘 상태에서 깊은 호흡을 해서 폐를 완전히 부풀린 상태를 만들면 조금씩 상승을 하고 다시 내쉬면 천천히 하강을 한다면 적절하게 BC의 공기가 조절이 된 중성부력 상태가 될 것이다. 그렇게 BC의 공기를 중성부력으로 맞추고 이동을 하면 조금씩 물속으로 가라앉는

상태가 진행된다. 그때 머리를 위쪽으로 살짝 세워서 평평하게 누운 상태가 아닌 10~15도 정도 수면 위쪽으로 몸을 향하며 이동을 한다. 이때는 반드시 수심을 확인하면서 수심의 변화 없는 이동을 하려고 노력해야 한다. 그런 자세는 몸에 추진력이 약

간으로 음성부력을 상쇄하며 결과적으로 평형 상태가 되는 중성부력상태로 이동이 가능해진다. 이런 방식으로 연습을 하면서 어느 정도 이동을 하는 요령을 터득하게 되면 BC에 공기를 조금 더 넣어 약간 남은 음성부력을 완전히 제거하고 자세 또한 평형자세로 변경해서 몸 상태를 수평이 되도록 이동을 할 수 있는데 그때가 중성부력이 완벽하게 유지되는 것이다. 그렇게 중성부력이 완전히 맞춰진 상태에서는 0.5~1m 정도의 수심이동은 들숨과 내쉼의 호흡을 통해서 상승과 하강을 할 수 있게 된다. 그렇게 깊은 호흡과 깊은 내 쉬는 숨으로 수심이동이 가능해지면 산호 같은 부착생물의 바로 위에서 수심변화 없이 사진 촬영이 가능한 중성부력 기술을 가지게 된다. 또한 5m 안전정지에서도 이동을 하며 수심을 맞추는 번잡함이 필요 없어지게 된다. 물속에서 초급자와 고수를 정확하게 구분되게 만드는 다이빙기술이 중성부력이 된다. 중성부력은 다이빙경험을 통해 조금씩 늘기도 하지만

Premium Scuba Diving Cadet - 4

완벽한 중성부력을 위해서는 다이빙수영장 같은 곳에서 3~4m 수심을 유지하는 연습을 하는 것이 더욱 도움이 된다.

수중 장비탈착

실제 다이빙현장에서는 다이빙을 하는 과정 중에 장비를 분실하거나 장비가 파손되는 장면을 쉽게 경험을 할 수 있다. 그 중에 가장 빈번하게 나타나는 상황은 마스크의 스크랩이 끊어지는 상황이다. 이런 상황은 낡은 마스크를 사용할 때 발생하는데 이미 스크랩이 마모되어 끊어질 수 있는 상태에서 다이빙을 시도하기 때문에 발생한다. 즉, 다이빙을 시작하기 전에 간단히 확인할 수 있는 문제가 된다. 그리고 실제로 스크랩이 파손되는 상황은 대부분 다이빙을 준비하고 입수 직전 스크랩을 잡아당길 때 끊어지는 경우가 90% 이고, 물속에 들어가서 헐거움을 느껴 잡아당길 때 파손되는 경우가 10% 정도가 된다. 입수 전에 그런 상황이 발생하면 마스크(스크랩)를 교환하고 다이빙을 진행하면 되지만 물속에서 그런 상황이 발생한다면 마스크를 손으로 붙잡고 다이빙을 지속하거나(실제로 거동이 매우 불편하다) 다이빙을 중단하고 올라오는 방법 뿐 이다. 이런 상황을 만났을 때 사전에 준비가 된 다이버라면 손으로 마스크를 붙잡고 다음 행동을 위한 대처를 어렵지 않게 할 수 있다. 하지만 수중에서 장비탈착을 한 번도 연습해보지 않은 초급자라면 매우 당황하게 되는 상황이 된다. 물론 초급자가 본인의 장비를 구입해서 다이빙을 한다면 당연히 사용한지 얼마 되지 않은 신제품이라서 그런 상황은 거의 발생하지 않는다. 하지만 내구

연한을 거의 다한 대여 장비를 사용한다면 그런 상황을 만날 수 도 있다. 그래서 수중에서 장비를 탈착 해보는 연습이 OW 교육과정에 있다. 그것은 최초의 교육과정으로 연습을 중단하지 말고 기회가 있을 때마다 충분히 연습해주어야 유사시 쉽게 대처할 수 있다. 또 한 가지 매우 필요한 장비탈착 연습에는 주 호흡기를 보조 호흡기로 바꿔 무는 행동연습이다. 장비전체를 완전히 벗었다가 다시 착용하는 행동까지 연습을 해서 충분히 익혔다면 호흡기교체는 어려운 동작이 되지 않는다. 이런 연습이 중요한 것은 물속에서는 호흡을 입으로 하기 때문이다. 주 호흡기를 입에 물고 있다면 호흡에 어려움이 전혀 없는데 무의식적으로 코로 호흡을 시도하는 경우 때문에 물을 먹는 상황이 발생한다. 그래서 호흡기를 잠시 입에서 떼어 내주는 연습으로 의도적인 호흡조절 연습이 필요한 것이다. 이러한 상황들은 안전한 수영장에서 충분히 연습이 되어 있어야 한다. 그것은 한 두 번의 연습만으로도 자신감을 가질 수 있게 된다. 즉, 그렇게 어려운 동작이 아니라는 이야기를 다시 한 번 강조한다. 수중 장비 탈착을 할 때는 최종 상황까지 항상 호흡기를 물고 있어야 한다. 또한 마스크를 완전히 벗을 때는 눈을 감지 말고 약간의 실눈을 떠주는 것이 좋다. 약간의 실눈을 떠주면 흐릿하게라도 주변을 확인할

수 있고, 생각보다 그렇게 불편하지 않다 (단, 콘택트렌즈를 착용한 사람은 마스크 탈착을 하지 않는 것이 좋다). 실눈을 떠주는 이유는 주변을 확인할 수 있기 때문에 호흡이 더 쉽게 안정된다. 그러면

본인의 장비를 다시 찾아 착용하는 것은 어렵지 않다. 다만 주의 할 점은 웨이트를 풀어서 내려놓는 경우, 음성부력이 부족해 몸이 떠오르는 것을 제어해야 한다. 호흡기를 물고 머리를 아래쪽으로 향한 상태에서 발차기를 해줘야 몸이 뜨는 것을 제어 할 수 있다. 호흡기를 바꿔 물거나 호흡기를 입에서 떼어야 하는 상황에서는 반드시 한 손으로 호흡기를 잡은 상태에서 다른 동작을 시도한다. 절대 어떤 상황에서도 호흡기를 놓치는 일이 없도록 해야 한다. 물속에서 호흡이 부족해지면 당황 할 수 있고, 당황 하면 실수를 할 수 있기 때문이다. 몇 번의 연습으로 충분한 자신감을 가질 수 있으니 수영장에서 반드시 연습을 해서 본인의 실력으로 완성해야 한다.

SMB

 해외다이빙을 하는 경우에는 SMB를 올리는 경우는 매우 드물다. 대부분의 다이빙포인트가 조류가 빠르지 않는 지역에 있어 다이빙포인트에 앵커라인을 묶고 배가 정박한다. 그다음에 앵커라인을 따라 입수를 하고 주변을 관찰하다 다시 돌아와서 앵커라인을 따라 출수하는 방식으로 다이빙을 진행하는 경우가 대부분이다. 물론 조류를 따라 다이버 전체가 동시에 흐르면서 다이빙을 하는 경우도 있는데 그런 경우에도 대부분 현지 가이드가 SMB를 올려서 상승라인을 확보하고 나머지 다이버가 따라서 올라가는 순서로 진행된다. 위 두 가지 모두에서처럼 해외에서는 레저다이빙을 즐기는 다이버에게는 SMB를 사용할 상황이 거의 없다. 하지만 국내다이빙에서는 사정이 다르다. 동해안 지역의 다이빙포인트 대부분이 일정한 지역에 넓게 형성되어 있어서 특정 지점으로 입수를 하여도 이동을 하다 보면 다시 입수 지점으로 돌아오기 매우 어렵다. 그래서 원점 회귀다이빙을 하지 않고 얼마간 이동 이후 SMB를 올리고 상

승을 하면 다이빙보트가 픽업을 오는 방식으로 진행을 하는 경우가 일반적이다. 이런 다이빙을 하는 경우 다이빙을 진행하는 담당강사나 팀내부의 상급자가 SMB를 올리기 때문에 초급자는 이미 올라간 SMB를 따라 상승을 하면 된다. 그런데 이동을 하다가 일행과 떨어져 팀이 분리가 되는 경우가 발생한다면 어떻게 할 것인가? 이런 상황에서는 초급자가 속한 그룹이 이동을 멈추고 딸랑이 같은 것으로 소리를 전파시켜 상급자 그룹이 합류 할 수 있도록 유도해야 한다. 그런 계속된 부름에도 반응이 없다면 최대 10분이 경과한 시점에서는 독자적으로 상승을 해야 한다(팀이 분리되었을 때 행동지침은 다이빙을 들어가기 전에 다이빙팀 리더가 공지하고 다이버들은 미리 숙지하여야 한다). 이때 SMB를 올리지 않고 그냥 상승을 시도하는 것은 초급자에게 매우 힘들고 어려운 과정이며 위험도가 있는 상황이 된다. SMB가 올라가 있다면 BC에 공기를 완전히 빼주고 상승을 시도하기 때문에 급상승이 되는 위험도를 최소화시킨다. 이때 발차기만을 이용하여 상승을 한다면 상승속도를 원하는 대로 적절히 조절할 수 있다. 즉, SMB를 손에 잡은 상태에서 서서히 감아주는 것만으로 상승을 쉽게 할 수 있으며 이때 SMB에 줄을 잡고 매달려 있는 모습으로 쉽게 수심을 맞출 수 있다. 또한 5m의 안전정지 수심에 이른 상태에서는 SMB를 잡고 매달려 있는 것으로 편하게 안전정지 시간을 보낼 수 있다. SMB를 이용해 상승하는 것은 초

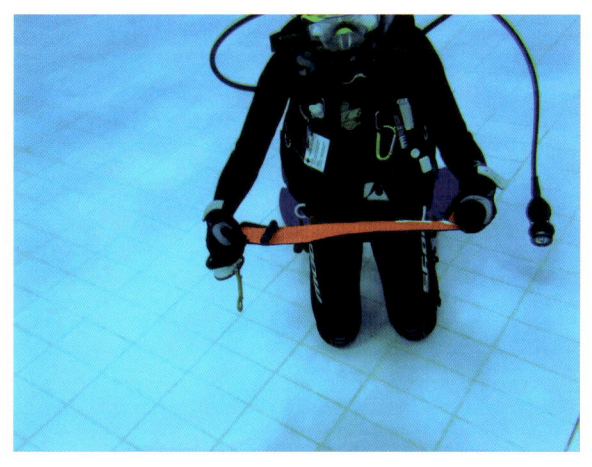

급자에게 매우 유용한 상승방식이 된다. 그래서 반드시 SMB를 사용하는 방법을 숙지해야한다. SMB를 올리는 것이 고급기술 중에 가장 간단한 기술에 속하지만 매우 자주 사용되는 필수기술이 된다. SMB를 올리는 방법은 매우 간단하다. 10년 전만 하여도 장비가 발전하지 못했고 SMB는 반드시 수심 10m 이내에서 올려하는 제약이 있었다. 그것은 줄의 길이에도 문제가 있었지만 근래에 판매되는 거의 모든 SMB에 장착되는 덤프밸브가 없었기 때문이다. 즉, 10m 보다 깊은 수심에서 SMB를 올리면 빠른 속도로 올라가며 팽창되는 SMB의 내부 공기가 SMB 밑 부분에 있는 공기 주입구 입구로 역류하며 나오지 못하는데 이때의 급격한 팽창력을 SMB가 버티지 못해 SMB 의 윗부분이 찢어지는 일이 종종 발생했었다. 그래서 10m 이상의 수심에서는 SMB를 올리지 않도록 교육했었다. 그리고 그 당시 SMB 사용방법 교육은 10m 이내에

서 SMB를 올리는 동작을 수행해야 하는데 그것은 10m 물속에서 중성부력을 완전히 맞추고 수심에 변화가 없는 안정된 상태를 요구한다. 그런 동작의 구현은 상급자의 고급기술에 들어가기 때문에 초급자가 SMB를 올리는 행동은 매우 어려운 동작이 되는 것이었다. 그렇게 어려운 기술에 분류되던 SMB를 올리는 기술이 장비의 발전으로 이제는 매

www.psdc.kr

우 쉬운 기술로 바뀌었다. 단지 SMB 장비를 구입할 때 최대 50m 의 수심에서도 올릴 수 있는 장비를 구입하면 된다 (50m 한계의 장비는 우리 같은 레크리에이션 다이버에게 전혀 제약이 없다). 그리고 사용을 할 때는 SMB를

풀어서 줄에 연결하고 공기주입구에 호흡기 1단계에서 연결해둔 SMB 또는 드라이슈트 전용 공기주입 밸브를 연결해서 공기를 주입하면 된다. 만약 전용호스와 밸브가 없다면 BC 인플레이터에 연결된 호스를 잠깐 풀어서 사용을 하면 된다. 간혹 판매하는 장비 중에 입으로 불어서 공기를 주입하는 장비가 있는데 우리나라에서 주로 사용하는 목적이라면 그런 장비를 구입하는 것은 권장하지 않는다. 국내바다는 사시사철 수온이 그리 높지 않고 SMB를 올리는 깊은 수심에서는 10℃ 이상의 수온을 기대할 수 없다. 그런 낮은 수온에서는 입이 약간 얼은 느낌을 받는 상황이 된다. 그래서 그렇게 낮은 수온에서는 입으로 SMB에 공기를 불어 넣는 것은 매우 어려운 동작이 된다. 그리고 깊은 수심에서 호흡기를 입에서 떼어야하는 부담감도 있다. 그래서 장비를 구입할 때 보조호스를 별도로 구입해서 1단계에 연결해두고 사용하는 것이 가장 좋은 방법이 된다. SMB를 올릴 때는 공기를 적당히 주입하고 어느 정도의 부력이 느껴지면 그대로 놓아주면 된다. 그러면 SMB는 위로 올라가고 줄(핑거릴을 권장)은 빠르게 풀려나간다. 그렇게 완전히 올라가면 그때부터 상승을 시도하면 되는데 반드시 BC에 공기를 완전히 빼주고 SMB줄을 잡아당기며 다른 다이버들과 상승속도를 맞추며 천천히 올라가면 된다

(SMB는 팀에서 한 개만 올리고 나머지 다이버는 SMB를 올린사람과 간격을 유지하면서 같이 상승해야한다. 이때 조류가 흘러 이동이 된다면 SMB를 올린사람이 지준점이 돼서 단체로 흘러가는 방식을 취하면 된다). 상승을 완료하고 수면에 올라온 상태가 되면 바로 SMB를 접는 것이 아니다. SMB의 아래 부분을 잡고 물속으로 당겨 SMB가 물 위에 직각으로 서있을 수 있도록 해야 한다. 그래야 멀리서 다이버를 찾는 다이빙보트가 당신을 쉽게 발견하고 픽업을 오기 때문이다. SMB는 팀 단위로 한 개만 올리면 되지만 팀이 분리되는 경우를 대비해서 팀원 모두가 각자 한 개씩 가지고 다이빙을 진행해야 한다.

짝호흡

 짝호흡은 분명히 다이빙 고급기술에 들어간다. 그러나 그것은 약간은 애매한 고급기술이라 말할 수 있다. 짝호흡을 시행 한다는 것은 공기가 부족한 버디에게 긴급하게 공기를 공급해주어야 하는 심각한 상황을 말한다. 그때 공기를 공급해주는 공급자가 사용하는 장비에 보조호흡기를 부착하고 있지 않아 어쩔 수 없이 짝호흡을 할 수 밖에 없는 상황이기 때문이다. 다시 말해서 버디에게 공기 공급이 필요하다면 본인이 보조호흡기로 호흡을 하면서 본인의 주호흡기(2m 길이의 주 호흡기를 권장)를 버디에게 제공을 하는 방법을 사용하

는 것이 올바른 공기공급 방식이다. 그러나 본인이 사용하는 장비에 보조호흡기를 별도로 창작하고 있지 않아 공기를 공급해줄 수 없는데 갑자기 공기공급을 요청하는 버디에게 마지막 수단으로 짝호흡을 통해 공기공급을 해야 하는 상황을 만나는 것으로 그것은 본인의 다이빙 스타일이 '누군지 모르는 버디를 배려하지 않는 방식이다' 라는 이야기가 된다. 만약 안전정지를 하고 있는데 같은 다이빙팀에 어떤 사람이 갑자기 다가와서 본인의 공기가 고갈되어서 상

승할 때까지 공기를 공급해 달라고 요구를 하면 보조호흡기를 가지고 있는 다이버라면 쉽게 공기를 공급해줄 수 있다. 하지만 본인이 보조호흡기가 없나면 그때는 짝호흡을 고려해봐야 하는데 그것을 쉽게 결정할 수 없다(짝호흡은 공기공급자와 공여자가 서로 신뢰를 가지고 천천히 진행해야 하는데 모르는 사람과는 그런 신뢰를 가지기 어렵다). 그래서 모든 다이버는 본인의 장비를 구입할 때 본인뿐만 아니라 버디를 위해서 보조호흡기를 반드시 준비해야 하는 것이다. 보조호흡기를 장착한 상태이고 본인에게 공기가 남아 있다면 보조호흡기를 사용해서 쉽게 공기를 공급하면 되지만, 만약 보조호흡기가 없는 상황인데 공기를 공급하는 방법으로 짝호흡이 마지막 수단이 된다면 어쩔 수 없이 짝호흡을 통해서 공기를 공급해야 한다. 물론 수심이 낮은 경우(10m 이내)는 짝호흡을 수행하는 것 보다 안전정지를 무시하고 상승을 시도하는 것이 차선책이 될 수 있다. 하지만 수심이 20m 이상인데 공기가 없는 버디에게 그냥 급상승을 하라고 시키는 것은 정말 위험한 선택이 될 수 있다. 그래서 만약을 위해 자주 다이빙을 같이 하는 버디와 짝호흡을 연습해 두어야 한다.

짝호흡은 공기공급자와 공여자간에 서로간의 신뢰가 있다면 그렇게 어렵지 않다. 호흡은 들숨과 날숨으로 반복하면서 수행한다. 이때 서로 번갈아 가며 호흡리듬을 들숨과 날숨으로 엇갈리는 리듬으로 맞추면 별 무리 없이 한 개의 호흡기로 두 사람이 호흡을 할 수 있다. 이때 주의할 점은 공기를 공급하는 사람이 반드시 호흡기의 호스를 손으로 잡은 상태에서 공기를 공급해야 하는 것이다. 공기 공급자가 공기를 공급 받는 사람에게 호흡기 뭉치

를 잡고 전달을 하면 공기공급을 받는 사람이 퍼지밸브를 눌러서 물을 제거하는 동작을 하기 불편하고, 호흡기를 주고 받다는 반복적인 행동을 하다가 호흡기를 놓치는 일이 있을 수 있기 때문이다. 짝호흡을 수행 할 대에는 두 사람 모두에게 한 가지 더 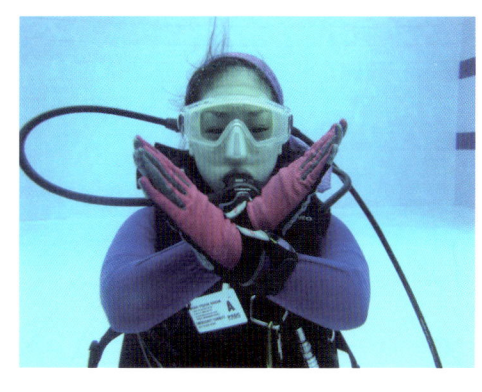 중요한 사항이 있다. 공기공급자와 공기를 받는 사람 모두 본인이 공기를 일차 들이쉰 상태에서 상대방에게 호흡기를 전달하고 상대방이 들숨을 쉬는 것을 기다리는데 이때 절대로 호흡을 멈추지 말고 공기 방울을 천천히 입으로 내뿜으면서 내쉬는 호흡을 지속해야 한다. 그것은 호흡을 들이마셔 폐를 부풀리고 호흡을 멈추면 폐속의 공기가 천천히 양성부력을 발생시켜 상승이 발생할 수 있다. 그렇게 본인만 상승을 하면 짝호흡을 하는 사람들끼리 서로 멀어져서 짝호흡을 할 수 없게 되고 같이 상승을 한다면 계획된 상승속도 보다 빠르게 상승을 하는 상황이 발생할 수 있다. 짝호흡을 하며 상승을 시도하는 것은 안전정지 같은 상승절차를 지키며 상승하기 위한 방법이다(짝호흡을 하면서 다이빙을 진행하는 것은 안전을 위해 금지되어 있다). 짝호흡을 할 때는 다이빙의 원칙 중에 한 가지인 '절대 호흡을 멈추지 않는다'를 떠올리면 된다. 그렇게 짝호흡을 하면서 상승을 하다가 10m 이상이 되는 수심이 되면, 공기가 고갈되어 공기공급을 받던 버디에게 본인의 호흡기로 호흡을 시도해 볼 것을 요구해본다. 20m 이상에서는 수압 때문에 호흡이 잘 안 되었지만 10m 이하의 얕은수심이 되면 수압이 줄어서 최소 1~2회 이상의 호흡이 될 수 있는 상황으로 바뀔 수 있다(물론 호흡이 안 되면 다시 한 번 공기공급을 해준다). 5m 의 안전정지 수심까지 안전한 상승을 하였다면 공기가 여유 있을 때 까지 안전정지를 수행하다가 안전하게 다이빙을 마무리하면 된다.

스킨베일아웃

 물에 대한 두려움을 극복하고 본인의 능력에 대한 자신감을 가질 수 있는 기술 중에 가장 좋은 훈련 방법 중 하나가 스킨베일아웃훈련이다. 스킨베일아웃과 스쿠버베일아웃은 5m 의 수심을 가지는 안전한 수영장 영역에서 연습을 해야 한다. 스킨베일아웃 절차를 설명하면 다음과 같다.

a. 약간의 음성부력을 가질 수 있는 웨이트를 착용하고(2~4kg 정도) 두 손을 모아 가슴에 X 모양으로 붙인다.

b. 핀과 마스크는 오른손과 왼손으로 꽉 붙잡는다(핀과 마스크는 가슴과 팔 사이에 위치).

c. 수영장가장자리 입수위치에서 힘차게 점프를 하며 몸을 일자로 세운상태로 입수를 시도한다.

d. 몸이 일자가 된 상태로 입수해서 물속으로 완전히 들어가면 호흡을 약간씩 내쉬어 준다. 그러면 최대 10초 이내에 수영장바닥에 도착한

Premium Scuba Diving Cadet - 4

대(착용하고 있는 웨이트가 부족하거나, 숨을 너무 많이 들이쉬어 폐속에 공기가 가득하면 바닥까지 내려갈 수 없게 되는데 이때는 재빠르게 웨이트를 풀러서 나머지 장비들과 같이 수영장 바닥으로 버리고 맨몸으로 상승하며 탈출 한다).

e. 바닥에 도착을 하면 1~2초정도 잠시정지해서 숨을 고른다(수중에서는 눈을 완전히 감지 말고 약간의 실눈을 떠서 주변을 확인한다).

f. 먼저 마스크를 착용하고 폐에 남아 있는 공기로 호흡을 내쉬면서 마스크 물 빼기를 해준다. 이때 호흡을 완전히 내쉬지 말고 30% 정도는 남겨 두어야 한다.

g. 그다음 핀을 착용하고 위쪽을 바라보며 힘차게 킥을 하며 올라간다.

이런 훈련을 스킨베일아웃이라고 하는데 실제 다이빙현장에서 사용되는 기술은 아니다. 하지만 이런 훈련을 하는 이유는 명확하다. 물에 대한 두려움을 줄이는데 가장 큰 목적이 있다. 스킨베일아웃을 성공하게 되면 본인이 얼마나 물속에서 자유롭게 행동 할 수 있는 사람인지 스스로를 알게 된다. 수영장에서 훈련을 하더라도 안전을 위해 스킨베일아웃의 연습은 반드시 2~3명의 인원이 같이 진행해야 한다. 특히 5m 수심에 한 명이 보조호흡기를 준비하고 대기해야 한다. 스킨베일아웃

www.psdc.kr

연습을 하는 사람이 호흡이 부족하면 공기를 공급받거나 수면으로 탈출을 해야 하는데 당황해서 어려워할 수 있으니 도움이 필요한 상황이 되면 공기공급을 해서 상황을 마무리 할 수 있도록 도움을 주어야 한다.

스쿠버베일아웃

 스쿠버베일아웃은 다이빙현장에서는 기의 사용되지 않는 기술이다. 하지만 매우 위급하고 급박한 상황에 어쩔 수 없이 선택해야 하는 기술 중에 한 가지가 될 수 있는 기술이다. 그런 상황이 본인에게 발생하였다면 버디 다이버의 도움을 기다려서 함께 상황을 해결하는 것이 최선의 선택이다(버디에게 도움을 받는 이유는 본인이 볼 수 없는 공기통 결합부분 등을 버디는 쉽게 볼 수 있어 장비를 해체 하지 않고 문제를 해결할 수 있기 때문이다). 그런데 버디가 본인을 못보고 지나가서 본인혼자 그 상황을 해결해야 한다면 그 상황에서는 당신혼자 장비해체와 결합을 수행해야 한다. 그래서 스쿠버베일아웃 같은 어려운 기술을 훈련해서 유사시에 쉽게 사용할 수 있도록 준비하는 것이다. 또 한 가지의 목적은 자신감이다. 매번 강조하지만 자신감의 확보는 다이빙실력을 다이빙현장에서 적절히 활용하기 위한 기초가 되는 능력이다. 인위적으로 만든 힘든 상황에서 훈련을 통하여 발생한 문제를 잘 해결하였다면 실제로

다이빙현장에서 그런 상황이 발생하여도 훈련된 기술로 잘 대처해서 문제없이 다이빙을 끝낼 수 있기 때문이다. '훈련은 실전같이, 실전은 훈련같이' 라는 군사훈련구호가 다이빙상황과 이렇게 딱 맞아 떨어지는 것은 그만큼 잠재된 위험을 극복해야 하는 상황이 목숨을 담보로 전투를 하는 전쟁과 같이 발생할 수 있기 때문이다. 그럼 스쿠버베일아웃의 훈련 방법에 대하여 이야기 하면 다음과 같다(본 훈련은 5m

www.psdc.kr

이내의 안전이 확보된 다이빙수영장에서 안전요원이 대기한 상태에서 훈련하여야 한다).

a. 5m 수심 바닥에서 수면 위를 보고 아무런 장애물이 없는지 확인한다.

b. 호흡기와 마스크를 착용한 상태에서 본인이 착용하고 있는 장비를 BC, 핀, 웨이트 순으로 벗어서 바닥에 놓는다. 이때 웨이트를 벗는 즉시 양성부력이 발생하기 때문에 몸을 아래쪽으로 향하고 발차기를 지속적으로 해주어야 한다.

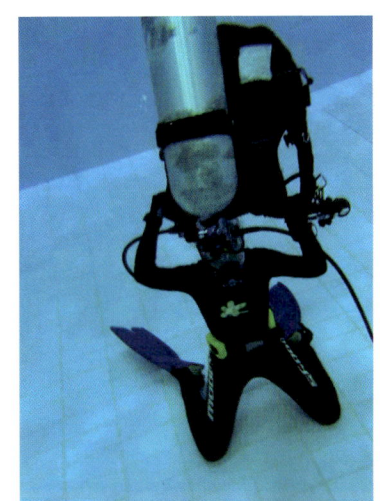

c. 마스크를 벗고 장비 위에 올려둔다.

d. 호흡을 한 번 마시고 주 호흡기를 잘 보이게 장비 옆으로 내려두고 위를 바라보고 호흡을 내뿜으며 상승을 한다. 호흡기를 옆에 둘 때는 호흡기 마우스피스 쪽을 아래쪽으로 향해야 공기가 나오지 않는다.

e. 수면위로 올라온 상태에서 심호흡을 크게 하고 호흡을 고른다.

f. 눈은 실눈으로 뜨고 물속을 바라봐서 본인의 장비가 놓여진 위치를 확인한다.

g. 한 번 호흡을 깊게 하고 '머리먼저 입수' 방식으로 하강한다. 이때 조금씩 공기를 내뿜어 양성부력을 줄여준다. 만약 호흡이 부족해도 다시 상승할 수 있는 충분한 시간이 있으니 두려워하지 말고 시도해야 성공할 수 있다.

h. 제일 먼저 주 호흡기를 찾아 호흡기를 물고 수중 호흡을 고른다.

i. 실눈을 뜬 상태에서 마스크를 찾아 착용하고 공기를 주입해서 시야를 확보하고 나머지 장비를 착용하여 훈련을 종료한다.

 위와 같은 훈련을 한 번에 성공하였다면 난이도를 올려 공기통 밸브를 잠갔다. 다시 개방하는 과정을 추가해서 연습한다. 물론 그 경우는 하강을 했을 때 제일먼저 공기통 밸브를 개방해야 한다. 스킨베일아웃과 스쿠버베일아웃은 혼자 훈련할 수 있는 기술이 아니다. 혼자 연습하는 경우 긴장해서 호흡을 멈추는 순간이 발생할 수 있는데 이때 이산화탄소 포화현상이 혈액내부에서 발생하면 얕은 수심 기절이 발생할 수 있기 때문이다. 반드시 안전을 위해 훈련을 도와주는 스텝이 있는 상태에서 연습하여야 한다.

긴급탈출

 초급자 시절 가장 중요하게 교육을 받는 부분 중에 한 가지가 '절대 급상승을 하지 않는다' 라는 교육이다. 또한 수심이 깊은 곳에서 호흡을 참고 급상승을 하면 폐가 터질 수 있으니 절대 그런 시도를 하면 안 된다고 교육을 받는다. 그것은 매우 중요하다. 상승속도는 규정된 속도(1분당 9m 이하)보다 빠르게 상승을 하면 절대로 안 된다. 그것은 다이빙을 진행하는 도중 혈관 내에 녹아 들어와 있는 미세공기방울이 신체 내에 존재하는데 급상승을 시도하는 경우, 미세공기방울이 팽창하여 혈관내부에서 파손 되는 경우도 발생할 수 있으며(실제 눈동자에 실핏줄이 쉽게 터지는 경우가 발생한다) 심각한 경우 폐가 터지는 기흉이 발생할 위험도 매우 높다. 그러면 물속에서 공기가 떨어지거나 대왕문어 같은 동물에 공격을 받아 호흡기를 찾을 수 없는 상태에서는 어떻게 해야 하는가? 그대로 다른 사람의 도움을 기다리다, 도움을 못 받으면 죽어야 하는가? 그런 절체절명의 위기에 아무런 행동을 하지 않고 기다려야 하는가?
 '아니다!' 바로 그런 상황에 마지막으로 선택해야 하는 것이 긴급탈출이다.

즉, 무조건 수면 위로 올라오는 것이다. 수면으로 급상승을 하면 심각한 내부 손상을 입을 수 있지만 최악의 경우인 물속에서 목숨을 잃는 것 보다는 현명

한 차선책이 될 수 있다. 그럼 그렇게 어쩔 수 없는 상황에 긴급탈출을 하는 방법은 어떠한 요령이 필요한가? 아무리 힘들고, 무슨 조치를 할 수 없는 상황이라 하여도 추가적인 부상을 줄일 수 있는 방법을 찾아야 한다. 그것이 바로 긴급탈출 방법이다. 급상승을 해야 하지만 추가적인 위험을 최대한 줄이는 방법을 선택하는 것이다.

긴급탈출의 방법에는 크게 두 가지가 있다. 첫 번째는 BC를 이용해 부력상승을 하는 방법이다. 위에서 예를 들은 것처럼 대왕문어에 공격을 받아 호흡기를 빼앗기거나, 패닉에 빠진 버디의 공격으로 주 호흡기를 빼앗긴 상태에서 수행하는 방법이다. 그런 상황은 대부분 급작스럽게 발생하지만 상황이 발생하기 이전 시간에 BC의 인플레이터 버튼을 잡을 시간은 충분히 있다. 즉, 위험한 상황이 예상된다면 만약을 위해 왼손으로 인플레이터 공기주입버튼을 잡고 현장에 접근을 해야 한다. 그렇게 접근을 했는데 호흡기를 빼앗겨 어쩔 수 없이 급상승을 해야 한다면, 즉시 웨이트를 버리고 인플레이터 버튼을 눌러 공기주입을 시도하여 BC가 완전히 부풀 때 까지 공기를 넣어준다. 그렇게 되면 BC의 양성부력으로 처음에는 천천히 상승하기 시작하지만 수면에 가까워질수록 매우 빠르게 상승을 한다. 수심 30m 의 경우 최대 1분 이내, 수심 20m 의 경우 최대 45초 이내, 수심 10m 의 경우 최대 30초 이내 상승이 가능하다. 그것은 호흡을 못하여도 충분히 상승할 수 있는 여유 있는 시간이 되는 것을 의미한다. 물론 긴급 상승을 시도하는 급박한 상황에 자세를 일정하게 유지하기는 힘이 든다. 하지만 힘들게 제약을 받고 있는 상황이라도 최대한 입이 위쪽을 향하도록 하고 남은 호흡을 천천히 내뿜으면서 상승해야 한다. 또한 수면에 가까워질수록 다리를 벌리고 핀은 상승 방향과 90°를 유지해 호흡이 허락하는데 까지 상승속도를 둔화시켜 주는 것이 좋다(수면에 가까워 질수록 상승 속도는 매우 빠르게 증가한다). 단, 이 방법은 공기통에 공기를 이용하는 방법으로 공기가 완전히 고갈된 상태에서 사용할 수 없는 단점이 있다.

 두 번째는 장비를 버리고 킥을 사용해 탈출하는 방법이다. 공기통에 공기가 떨어지고, 주변에 도움을 받을 사람도 없는 경우나 장비가 폐그물 같은 장애물에 걸려 움직일 수 없다면 장비를 버리고 탈출 하는 것이 최선이다. 수중장비 탈착 연습이나 스쿠버베일아웃 훈련에서 수행 했던 것처럼 호흡기를 최대한 물고 있는 상태에서 나머지 장비를 벗어두고 상승을 준비한다. 당연히 마스크와 핀은 착용하여야 하고 웨이트는 반드시 버려야 한다. 호흡을 마지막으로 충분히 들이마시고 수면 위쪽을 바라보며 발차기를 하면서 상승을 한다. 이렇게 맨몸으로 탈출을 하는 방법은 수심 30m 이내에서는 최대 30초 이내에 상승을 마

무리 할 수 있다. 즉, 우리가 다이빙을 즐기는 한계수심 30m 이내에서는 어떠한 수심에서라도 충분히 상승할 수 있는 호흡의 여유가 있다는 의미를 가진다. 그러니 호흡에 대한 걱정을 하지 말고 천천히 호흡을 내뿜으며 상승을 하면 된다. 이 경우에도 위를 바라보며 최대한 입이 위쪽을 향해 주는 것이 좋다. 장비가 아무리 비싸도 본인의 목숨하고는 바꿀 수 없다. 과감히 장비를 포기하고 올라오는 것은 분명히 현명한 선택이 된다. 장비는 다음 번 다이빙에 들어가서 회수를 하면 된다. 장비를 걱정하여 탈출시기를 놓치는 판단착오를 하면 안 된다.

응급조치

 응급조치와 응급처치는 다른 말이다. 응급처치는 의료진이 부상을 당한 환자를 최초에 치료하는 행위가 되고 다이버가 행하는 응급조치는 의료진이 도착하기 전까지 행동하는 요령이다. CPR을 수행하거나 심폐 소생기를 사용하는 방법은 별도의 Scuba Diving Rescue Diver 라는 교육과정이 있고 각종 응급처치 단체에서 교육하는 프로그램이 있으니 여기서는 다루지 않는다. 다만 다이버가 응급상황을 만났을 때 해야 하는 응급조치 절차에 대해서, 물에 빠진 사람을 발견한 경우로 한정을 하고 이야기 하겠다.

a. 우선 주변에 다른 사람에게 알린다. 본인이 직접 도움을 주기 전에 우선적으로 해야 하는 행동은 주변에 알리는 행동이다.

b. 119에 긴급구조요원을 요청할 것을 특정인을 2명 지목을 해서 요청한다. 사람들이 많이 있어도 서로에게 책임감이 분산되어 119를 부르는 행동을 선뜻 나서지 못한다. 그래서 특정인(휴대폰을 손에 들고 있는)을 지목해서 119에 연락 할 것을 요청한다.

c. 본인이 아무리 수영을 잘 해도 직접 사람을 구조하는 행동은 훈련 받지 않은 상태에서 불가능하다. 물에 빠진 사람은 구조자가 다가오면 무조건 그 사람을 붙잡고 버티려 하기 때문에 같이 위험에 빠질 수 있다. 그래서 익수자를 구조하는 방법을 훈련 받은 사람만 익수자를 구조하는 것이 좋다.

d. 주변에 구명환이나 물에 뜨는 부의를 던져 수어 익수자가 그것을 삽고 나올 수 있도록 유도한다. 다이버의 경우 주변에 BC 같은 물에 뜨는 장비가 항상 준비되어 있다. 그 장비를 던져 주기만 하여도 익수자는 그것을 붙잡고 나올 수 있다.

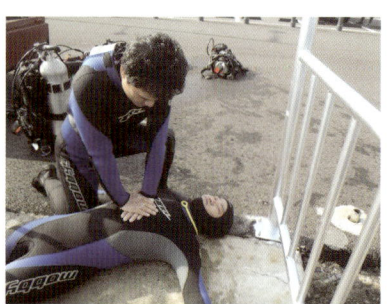

e. 이동이 가능한 보트가 있는 경우 보트가 직접 접근을 해서 구조할 수 있도록 한다.

f. 익수자를 물 밖으로 건져내면 즉시 입 속에 이물질을 제거하고 머리를 아래쪽으로 하고 엉덩이를 잡고 위쪽으로 올려 폐속에 물이 흘러나오게 한다.

g. 호흡과 심장 박동을 확인하고 없는 경우 구조요원이 도착할 때까지 CRP을 지속한다.

위와 같은 응급조치는 본인이 머릿속으로 생각 하고 있다가 상황이 발생하면 과정의 일부를 도움 주는 것이 제일 좋다. 즉, 119에 전화를 하거나, 던져줄 부의를 준비 하는 것 같은 행동을 하는 것이 좋다. 다이빙현장에서는 응급구조교육을 받은 다이빙강사가 같이 있고 다이빙보트의 스텝이 그러한 역할을 할 수 있는 경우가 많기 때문에 본인이 직접 구조 활동을 해야 하는 경우는 거의 발생하지 않는다. 하지만 상황이 발생한다면 주변의 방관자로 남아 있지 말고 빠른 대처를 통해 도움을 줄 수 있는 사람으로 행동하는 것이 모두에게 도움이 된다.

흐린 물 다이빙

 국내다이빙을 하다 보면 어쩔 수 없이 흐린 물 다이빙을 경험하게 된다. 바람이 며칠간 불어 바다가 요동을 친 경우나, 장마철 육지에서 부유물질이 많이 흘러들어 오는 경우 바다가 매우 혼탁해져 흐린 물 다이빙을 할 수밖에 없는 환경이 된다. 물론 녹조가 가득한 저수지나 강물에서 다이빙을 할 경우, 흐린 물 다이빙의 기준을 넘는 거의 보이지 않는 상태에서 다이빙을 한다고 볼 수 있지만 우리가 일상적으로 즐기는 레크리에이션 다이빙을 하는 바다 환경에서는 최악의 경우에도 1m 이상의 시야는 확보되는 경우가 대부분이다. 그렇게 시야가 안 보이는 상황에서는 어떤 방법으로 다이빙을 해야 원활한 다이빙을 진행 할 수 있을까? 그것은 의외로 간단하다. 평소보다 50% 느리게 움직이면 된다. 입수를 해서 바닥에 이른 상태에서 천천히 주변을 살펴보면 흐릿하게 사물을 분간할 수 있다. 그렇게 주변에 버디를 확인하고 미리 정한 이동순서로 이동을 하면 그렇게 어렵지 않게 다이빙을 진행 할 수 있다. 또 한 가지의 방법은 유도줄을 이용하는 방법인데 SMB의 줄을

풀어서 선두에 있는 1번 다이버가 줄의 뭉치를 잡고 마지막 사람이 줄 끝을 BC에 연결을 하고 이동을 하며 나머지 인원은 그 줄을 붙잡고 다니는 방법을 사용하면 팀원끼

리 헤어지는 일은 발생하지 않는다. 이 경우 는 반드시 직선방향으로 이동을 해서 줄이 엉키지 않도록 주의해야 한다. 물론, 줄이 엉키더라도 쉽게 풀리기 때문에 줄에 대한 스트레스는 크게 받을 필요는 없다. 이런 이동방식은 흐린 물 상태라는 것이 확실하면 입수시점부터 이용을 하면 매우 편리하다. 반대로 상승을 할 경우는 최상급자가 SMB를 올리고 나머지 인원이 위에서 줄을 잡고 먼저 상승하는 방식으로 상승을 하면 된다.

딥 다이빙

　레크리에이션 다이버에게 필요한 딥 다이빙의 한계수심은 30~40m 구간의 다이빙을 말한다. 이러한 구간의 경험은 처음 술을 마시는 경험과 비슷하다. 30m 가 넘는 수심에서는 대부분의 사람이 약간의 질소 마취를 경험하게 되는데 그것은 술에 취하는 기분과 비슷하다. 우리가 술을 마실 때 술자리 경험이 지속될수록 술을 마신 이후 실수를 범하는 행동이 줄어드는 것과 같이 질소마취의 경험도 비슷하다. 딥 다이빙을 경험하게 되면 약간의 질소마취 느낌은 별다른 실수 없이 넘길 수 있는 것이다. 즉, 술에 취한 사람들은 행동이 둔해지고 의사결정을 느리게 하는 경향이 있다. 딥 다이빙도 비슷하다. 처음 30m 이상의 수심을 경험하는 사람이 아무런 대비 없이 내려갔다가 본인도 모르게 본인의 의지와는 상관없는 이상행동을 할 수 있는 위험성이 존재한다. 한 가지 다행인 것은 술에 취한 경우 술을 깨는데 필요한 시간이 있지만 다이빙의 경우는 얕은 수심으로 이동을 하면 즉시 그 증상이 완화된다는 것이다.

레크리에이션 다이빙을 즐기는 우리는 의도적으로 30m 이상의 수심을 내려가는 것을 금지하고 있다. 하지만 30~40m 구간의 딥 다이빙을 훈련하는 것은 본인도 모르는 사이에 깊은 수심으로 가라앉는 경우(해안지역 절벽 다

이빙을 하는 경우 수심계를 확인하지 않으면 본인도 모르는 사이 깊은 수심으로 내려가는 경우가 자주 발생하며 갑작스러운 하강조류를 만나는 경우 중성부력을 맞추고 있다는 착각으로 수심계를 확인하지 않아 깊은 수심으로 내려가는 경우가 발생한다)와 어쩔 수 없이 깊은 수심으로 내려가야 하는 상황이 있을 수 있기 때문이다(장비를 깊은 수심으로 떨어트리는 경우 장비를 회수하기 위해 깊은 수심으로 내려가는 경우가 발생하는데 이러한 시도는 매우 위험한 경우이다. 장비가 떨어지는 것을 보고 즉각적으로 회수를 위해 10m 이내로 하강을 하는 경우는 시도해볼 수 있지만 그 이상의 수심으로 깊이 하강을 해야 하는 경우 과감하게 장비를 포기 해야한다. 하지만 어떠한 경우에도 최대 40m 의 구간을 넘겨서는 안 된다). 30~40m 구간에서 다이빙을 위한 준비는 어떠한 방법으로 하는지 설명한다.

a. 딥 다이빙의 훈련은 반드시 시야가 20m 이상 확보되고 수온이 따뜻한 열대바다지역에서 연습할 것을 권장한다. 국내의 동해안 지역같이 여름철에도 갑작스런 수온변화가 발생 할 수 있는 지역에서 딥 다이빙은 많은 위험도(갑작스러운 수온변화로 급격한 공기소모가 발생한다)를 가지고 있기 때문에 절대 권장하지 않는다.

b. 반드시 컴퓨터를 착용하고 훈련한다. 30m 가 넘는 수심에서는 3분 이상 다이빙을 하면 감압이 필요한 상태로 넘어간다. 즉, 레크리에이션 다이빙에서 금지하는 무감압 다이빙 한계시간을 초과하는 것을 의미한다. 그것은 5m 수심의 안전정지시간에 10분 이상 감압시간을 컴퓨터에서 요구하는 상태가 된다(최대수심의 1/2 수심에서 1분의 안전정지를 하는 deep stop 절차를 지킬 것을 권장한다). 그런 상태는 잠수병을 예방하기 위해 반드시 지켜야 하는 원칙이며 30m 가 넘는 수심을 시도하는 딥 다이빙에서는 반드시 무감압 한계시간 내에서 잠깐 내려갔다가 올라오는 방식을 취해야 한다. 이러한 과정의 안전을 담보할 수 있는 것은 오직 본인이 착용한 다이빙컴퓨터뿐이기 때문에 절대적으로 다이빙컴퓨터를 착용하고 훈련에 임해야 한다.

c. 30m 가 넘는 수심에서는 호흡조절을 통한 수심조절을 하지 말고 BC 내부 공기를 이용한 수심조절을 해야 한다. 레크리에이션 다이빙에서는 고수가 될수록 호흡을 통한 수심조절이 원활해지는 상태가 된다. 들숨을 깊게 쉬면 수심이 1m 정도 상승을

하고 날숨을 내쉬면 1m 정도 하강을 할 수 있기 때문에 미세한 수심 변화는 호흡을 통해서 조절을 하면서 사진 촬영 같은 행동을 하게 된다. 그런데 30m 가 넘는 수심에서는 그러한 호흡을 통한 수심조절이 불가능해진다. 깊은 수심의 압력에 의하여 폐가 이미 어느 정도 수축이 되어 들숨을 쉬더라도 양성부력을 가질 수 있는 만큼 폐가 부풀지 않아 호흡을 통한 수심조절이 매우 힘들게 된다. 그러므로 호흡을 하는데 사용할 공기를 무리하게 호흡조절을 통한 수심조절에 사용하는 것은 어리석은 행동이 된다. 그래서 BC에 공기를 조절해서 수심조절을 하는 것이 다이버의 신체에 무리를 주지 않는 최선의 방식이 된다.

d. 30m 가 넘는 수심에서는 오래 머무르지 않고 신체의 움직임을 최소화한다. 위에서 언급한 것과 같이 30m 가 넘는 수심에서는 짧은 시간을 보내도 무감압 한계시간을 초과하게 된다.

그렇게 감압이 필요한 상태가 되는 것은 신체에 무리를 주는 행위가 되고 그런 행동이 반복된다면 분명히 본인의 신체에 나쁜 영향을 주게 된다. 특히 깊은 수심에서 발차기를 과하게 하거나 팔을 이용해 작업을 하는 경우 관절의 원활한 움직임을 도와주는 연골이 수심의 영향으로 눌려있는 상태라 연골이 닳게 되고 심한 경우 관절과 관절이 직접 접촉하는 심각한 부상을 입을 수 도 있게 된다. 그래서 깊은 수심에서 관절을 움직이는 행동은 매우 위험도가 높은 행동이 된다. 레크리에이션 다이버는 절대 30m 이상의 깊은 수심에서 오래 머무르고 이동을 하는 다이빙을 해서는 안 된다(깊은 수심을 탐험하는 테크니컬 다이빙영역에서는 수중스쿠터를 이용한다).

야간 다이빙

다이빙을 50회 이상 경험한 다이버도 야간다이빙 경험을 가지고 있는 경우가 흔하지 않다. 그것은 국내에서 다이빙을 많이 하는 지역이 강원도 지역의 동해안이고 그 지역은 아직도 야간다이빙을 금지하고 있는 지역이라, 야간다이빙을 하려면 국내의 경우 제주도나 남해안 지역을 찾아야 원활한 다이빙을 할 수 있기 때문이다. 하지만 제주도 지역 역시 다이빙을 계획하는 시점에 특별히 요청을 하지 않으면 야간다이빙을 하기 어렵다. 또한, 야간다이빙을 하려면 어느 정도 다이빙기술이 있다는 것을 증명해야 다이빙리조트에서 진행을 도와주기 때문에 그 또한 쉽지 않은 과정이다. 그래서 국내 다이버들에게는 야간다이빙의 경험을 가지기가 매우 어려운 것이 현실이다. 그러나 야간다이빙은 분명히 도전해야 하는 이유가 있다. 우선 야간다이빙을 '왜? 하는지' 생각을 해보면 유추 할 수 있다. 야간다이빙의 주목적은 주간에 관찰하던 지역에서 나타나는 생물체와 다른 종류를 관찰하기 위함이다. 야간에 주로 활동을 해서 야간에만 관찰 할 수 있는 생물체를 주간에 관찰하는 것은 거의 불가능하다. 그래서 야간에 나오는 생물체를 관찰하는 것이 야간다이빙에 가장 큰 목적이 된다. 같은 지역에서 많은 주간다이빙경험이 있지만 야간에 들어가면 주간에 관찰된 생물체와는 완전히 다른 생물체들의 모습에 깜짝 놀라는 경험을 할 수 있다. 그래서 또 다른 경험

을 위해 야간다이빙을 하게 되는데, 야간다이빙에는 주간다이빙보다 많은 제약 조건을 가지고 있다. 그것은 당연히 '보조 광원이 없이는 전혀 보이지 않는다' 는 것이다. 즉, 수중 랜턴을 반드시 두 개 이상 지참을 하고 다녀야 다이빙을 할 수 있는 것이다(한 개는 고장 또는 전원이 나갔을 때를 대비한 여분의 랜턴). 또한 주간의 이동방식과 다른 이동을 하여야 하고 수신호를 사용할 수 없으니 랜턴을 이용한 신호교환을 하여야 한다. 이러한 방식과 과정은 별도의 스페셜티 교육과정으로 야간다이빙 부분에 나와 있으니 담당강사에게 자세히 교육을 받고 시도하여야 한다. 여기서는 중요한 몇 가지 원론적인 설명을 하면 다음과 같다.

a. 야간다이빙은 반드시 주간에 들어갔던 경험을 가지는 동일한 포인트에서 진행한다. 주간에 미리 들어가서 주변 지형지물을 확인하고 사전 위험요소를 확인하여 안전한 다이빙이 될 수 있도록 대비하여야 한다.

b. 수중 랜턴은 각자 최소 한 개 이상 가지고 다녀야 한다. 야간에는 시야를 확인할 수 있는 유일한 광원이 본인이 들고 있는 수중 랜턴이다. 본인이 가지고 들어가는 랜턴은 입수 전에 스위치를 on 하고, 다이빙을 끝내고 올라와서 off 하는 방식으로 진행하여야 한다(수중에서 오작동이 발생할 수 있으니 전원 버튼 조작은 하지 않는다). 또한 다이버 모두가 각자 백업 랜턴을 가지고 다니는 것이 가장 좋지만, 같이 다이빙을 하는 팀이 2개 이상 있는 경우 전체 랜턴의 개수는 '(전체 인원수 + 팀 개수)/2' 이상으로 준비하여야 한다.

c. 랜턴을 상대방의 얼굴에 직접 비추면 안 된다. 수중 랜턴의 특성상 매우 밝은 광원을

가지고 있어 눈으로 직접 바라보는 경우 일시적으로 보이지 않을 수 있다. 그때 당황하면 패닉같은 사고로 이어질 수 있기 때문에 절대로 상대방에게 직접 비추면 안 된다. 만약 상대방을 부르고 싶으면 싱대방의 랜턴이 비추고 있는 지점을 본인의 랜턴으로 비추며 동그라미를 그려서 주변을 확인할 수 있도록 주의를 환기시켜준다.

d. 수신호가 필요하면 딸랑이 같은 것을 사용하여 소리로 본인에게 주의를 끌고 본인의 배 쪽으로 랜턴을 비추고, 손을 배위에 올려 수신호를 준다. 그런 수신호는 상승신호 같은 것을 줄 때 사용하고 방향의 결정 같은 신호는 랜턴을 가려는 방향으로 비추며 일자로 그려주어 방향을 인식하게 해주어야 한다. 이러한 수신호방식은 입수 전 다이빙리더가 공지를 해서 모든 팀원이 인지 할 수 있도록 교육해야 한다.

e. 야간다이빙의 이동은 순번을 정해서 이동을 하고 절대 그 순서를 놓치면 안 된다. 본인의 앞뒤 순번의 버디를 확인하고 이동하는 경우나 특히 상승을 시작하는 시점에 본인의 앞뒤 순번의 버디가 같이 있는지 확인하고 상승을 시작하여야 한다. 야간다이빙의 경우 수중에서 모든 사람을 확인하기 매우 어렵기 때문에 다이빙리  더가 총 인원수를 확인하고 상승을 결정하게 되는데 앞뒤 순번이 확인되지 않으면 다른 쪽 팀원이 우리 쪽으로 합류할 수 있고 우리 쪽 인원이 다른 쪽으로 합류할 수 있어 매우 위험한 상황이 발생할 수 있다(공기를 거의 사용하고 상승을 준비하는 팀원이 방금 다이빙을 시작하는 다른 팀을 따라가는 경우 공비부족으로 혼자 상승을 해야 하는 심각한 상황이 올 수 있다).

수중 방향 찾기

 수중 방향 찾기는 정말 고수의 기술이라 할 수 있다. 그것은 훈련을 통해서 습득 할 수 있는 부분이 있고, 선천적인 공간지각능력에 따라 개인적인 능력의 차이로 저절로 나타나는 경우도 있다. 우리가 운전을 할 때 길을 잘 찾아 가는 사람이 있고 네비게이션이 없으면 가봤던 지역을 다시 찾아 갈 수 없는 사람도 있다. 특히 근래에 들어 네비게이션의 성능이 좋아지고 길을 외울 필요가 없어지면서 전혀 길을 외우지 않는 사람들이 많아지고 그런 생활 습관으로 수중에서 길을 찾는 것은 거의 불가능 한 경우가 대부분이 된다. 그러나 아직까지 수중 네비게이션은 없고(아마도 GPS를 이용해 위치를 확인하는 방식을 사용하는 한, 수중까지 GPS신호를 받을 수 없어 수중 네비게이션의 상용화는 어려워 보인다) 몇 년 안에 수중네비게이션을 사용하는 것 또한 기대하기 어렵다. 그래서 수중 방향찾기 기술을 훈련해야 하며 최소한의 안전사항인 원점회귀 방식의 수중 방향 찾기는 가능해야 하는 것이다.

 위에서 언급한 차량을 이용한 이동을 할 때 100% 네비게이션에 의존을 하는 운전자도 본인의 출퇴근 길 같은 자주 다니는 길은 네비게이션 없이

다닐 수 있게 된다. 그것은 반복된 노출로 뇌에 공간을 지각하는 능력이 작동을 해서 그렇게 찾아 갈 수 있는 것이다. 그런데 수중에서 네비게이션은 시각을 이용한 공간지각을 통한 네비게이션은 매우 제한

적이 된다. 즉, 매우 시야가 좋은 바다환경에서도 30m 이상의 시야를 기대하기는 어렵고 그렇게 퍼즐의 조각같이 보여 지는 수중지형을 머릿속에 구조화 시켜 그 지역을 완전히 인식하려면 같은 지역을 반복적으로 들어가서 외우는 방법 뿐 이다(현지 가이드들은 같은 지역을 반복적으로 다니기 때문에 지역을 거의 다 외우고 있음). 하지만 우리 같은 레크리에이션 다이버가 같은 지역을 반복적으로 다이빙하는 경우는 드물며 한, 두 번의 경험으로 그 지역을 완전히 외우는 것은 거의 불가능에 가깝다. 그래서 가장 기본이 되는 나침반을 보고 이동하고 다시 나침반을 보고 돌아오는 훈련을 하는 것이다. 이러한 훈련은 생각보다 간단하다. 운동장 같은 넓은 지역에서 본인의 시작위치를 표시하고 나침반이 표시하는 방향(남쪽, 북쪽의 정확한 방향을 따라가는 것이 편함)으로 일정한 거리를 이동하고 다시 180도를 돌아 반대방향으로 나침반을 보고 이동을 해서 본인이 표시한 시작위치로 돌아오는 연습을 하는 것이다. 그렇게 한 방향으로 돌아오는 연습이 완성되면 일정방향으로 20걸음 이동해서, 왼쪽으로 60도를 회전해서 다시 20걸음, 그리고 다시 60도를 회전해서 20걸음을 이동하면 다시 출발한 지점이 되는 삼각형 회귀방법을 연습하는 것이다. 이렇게 두 가지의 네비게이션 훈련이 된다면 시작지점으로 다시 돌아오는 원점회귀 다이빙을 가능하게 해준다. 실제 다이빙에서는 현지가이드가 지역을 소개하기 때문에 본인이 길을 찾아야 하는 경우는 거의 없다. 그래서 대부분의 다이버가 네비게이션 훈련경험이 다이빙현장에서 수행되지 않아 네비게이션을 할 수 없다. 본인이 훈련을 통하여 직접 네비게이션을 통해 길을 찾을 수 있게 된다면 본인은 이미 고수의 기술을 획득한 것이 된다.

난파선다이빙

구조물을 관찰하기 위해 들어가는 다이빙포인트가 종종 있다. 그중에 가장 대표적인 구조물이 난파선이다. 난파선이 물속에 위치하고 있는 형태를 위에서 살펴보면 매우 미묘한 느낌을 받는다. 뭔가 있을 것 같은 미지의 공간으로 두려움과 설레이는 느낌이 혼재하는 지역이다. 이런 신비한 난파선다이빙을 경험한다는 것은 매우 색다른 경험이 된다. 그런데, 그런 난파선 지역을 탐사하려면 거의 대부분 리조트에서 AD 이상의 라이선스 등급을 요구한다. 또한 실제로 난파선이 위치하고 있는 지역의 바다환경은 다이빙수준이 중급이상인 다이버에게 접근을 허락한다. 다이빙관광을 위해 지역정부에서 인위적으로 난파선을 침몰시킨 경우도 있지만, 대부분의 경우는 사고나

전쟁 같은 원인으로 난파선이 침몰한 경우이다. 이렇게 불의의 사고로 침몰된 난파선은 수심이 매우 깊은 곳에 위치한 경우가 많다. 그래서 난파선의 제일 높은 지역이 20m 수준으로 레크리에이션 다이빙의 한계에 있지만 하단부까지 내려가면 30m 를 쉽게 넘어가는 딥 다이빙의 한계까지 이르는 경우가 있을 수 있다. 그런 이유로 초급자의 난파선다이

빙 입수를 금지하고 있다. 또한 난파선 내부를 탐사하는 행위는 매우 위험한 행동으로 사전에 현지가이드의 허락을 받아야 접근할 수 있다. 내부탐사는 사진촬영 같은 특별한 목적이 있고 진입하는 다이버

의 실력이 확보된 경우에만 현지가이드의 안내에 따라 진입할 수 있다. 난파선 내부의 구조가 어떠한지 모르고, 내부배선이나 파이프 파손부위 같은 곳에 장비가 걸릴 위험이 있기 때문에 안전이 확인되지 않은 내부는 절대 들어가면 안 된다.

고수의 기술에 들어가는 난파선다이빙이라고 하는 것은 난파선을 외부에서 관찰하고 30m 이상의 수심까지 내려가지 않는 행동을 말한다(난파선 내부탐사는 유도줄을 설치해서 안전을 확보하고 보조탱크를 사용하는 테크니컬다이빙 영역이다). 난파선의 천국이라 할 수 있는 'Chuuk' 지역에는 2차 세계대전 당시 전투 중 침몰한 일본군함이 많이 있다. 그 지역은 시야가 매우 좋아 게이지를 확인하지 않고 하강을 하면 쉽게 40m 를 초과하는 다이빙을 하게 된다. 그래서 그 지역에서는 난파선을 관찰하기 위해 다이빙을 하는 다이버에게 별도로 감압을 위한 여분의 공기통을 추가로 장착을 하고 다이빙을 진행한다. 그리고 감압이 발생하면 충분한 안전정지를 통하여 감압시간을 완전히 해소하고 올라 올 수 있도록 한다. 'Chuuk' 지역의 난파선 다이빙은 수심이 깊어 1일 1회의 감압다이빙을 하는 것을 원칙으로 한다. 그런 진행방식은 레크리에이션 다이빙에서 권장하는 무감압 다이빙형태가 아닌 감압다이빙

을 하게 되어 매우 심각한 위험도에 노출되는 다이빙이 된다. 그런 방식으로 난파선다이빙을 진행하는 것은 그만큼 위험을 감수하고 경험을 시도하는 매력이 있기 때문이다. 하지만 분명한 것은 레크리에이션 다이빙을 넘어선 매우 어려운 다이빙 중에 한 가지가 난파선다이빙이라는 것을 말해준다.

05 안전한 다이빙은 고수의 완성

다이빙은 레저스포츠다. 인생을 살면서 즐거운 시간을 보내고 추억으로 남길 수 있는 기억을 만들기 위해 즐기는 운동이다. 그러나 취미로 쉽게 할 수 있는 다른 운동과는 다르게 약간의 난이도를 가지고 있으며, 항시 존재하는 위험을 극복해야 하는 특성을 가지고 있는 운동이다. 이러한 위험도를 극복하고 스스로 위험을 통제할 수 있는 수준이 되면, 스릴이 즐거움으로 변화되는 매우 매력적인 운동이다. 하지만 여행을 떠나서 스킨스쿠버 다이빙을 즐기다가 사고를 겪게 된다면 여행자보험이나 보장성 보험에서 보상을 받을 수 없는 경우가 대부분이다(다이빙 특약이 있는 보험도 일부 있다). 그것은 다이빙의 위험성을 보험사에서 높이 보고 있기 때문에 보험을 들어 주지 않는 것이다. 또한 만약 사고가 발생한다면 생명까지 위험한 사고로 이어지는 경우가 많다는 것을 경고한다. 다이빙을 100회, 1,000회 이상을 경험한 베테랑다이버도 다이빙을 시작하기 전에 반드시 확인하고 준비하는 안전절차를 절대로 빼먹는 일은 없다. 순간의 실수가 다이버의 안전을 위협하는 결정적 요인이 되기 때문이다. 그래서 다이빙고수가 된다는 것은 안전한 다이빙을 즐기고 있다는 것을 증명한다. 언제나 존재하는 위험요소를 통제 가능한 범위내로 가져오고, 만약 통제가 불가능한 위험 요소가 있다면 과감한 다이빙 중단 결정으로 위험에서 벗어나는 결단을 할 수 있는 것이 다이빙고수의 면모가 된다. 이러

www.psdc.kr

한 행동방식은 초급자시절부터 안전을 최우선으로 하는 다이빙습관과 위험을 대비하는 다이빙기술을 습득하여 본인의 안전을 본인이 지킬 수 있는 상태로 만들기 위해 노력을 그치지 않았기 때문에 가질 수 있는 고수의 여유 있는 모습이 된다. 이 장에서 소개하는 안전을 위한 조치들은 다이빙을 즐기는 평생 동안 절대적으로 지켜야 하는 기본 원칙이다. 안전을 위해 수행하는 다이버의 행동은 실력이 부족했던 초급자시절에 잠깐 지켜야 하는 수칙이 아니고 다이빙경험을 지속하는 한, 다이빙 현장에서 항상 지켜져야 함을 다시 한 번 강조한다.

SMB를 사용하는 것은 가장 중요한 기본원칙

 처음 다이빙을 배우고 지도 강사를 따라 다닐 때는 누구나 깅사가 올려준 SMB를 잡고, 5m 안전정지 수심에서 기다린 경험이 있을 것이다. 특히 동해안 다이빙 같이 20~30m 의 깊은 수심에서 바로 올라오는 경우는 더욱 더 SMB가 필요하다. 이전에는 어느 정도 상승을 해서 10m 내외 수심이 되면 SMB를 올렸지만, 장비가 좋아진 지금은 30m 의 수심에서도 바로 SMB를 올릴 수 있게 되었다. 그렇기 때문에 깊은 수심에서 바로 상승을 시작해야 하는 초급자에게 SMB줄은 상승을 안내하는 가이드라인이 된다. 그것은

초급자들이 하강을 할 때 하강줄을 가이드라인으로 이용하며 하강에 도움을 받는데, 국내 다이빙의 경우 이동을 하며 다이빙을 진행하는 방식이라 하강 때 사용한 앵커라인 등을 상승 때 가이드라인으로 사용할 수 없게 된다. 물론 해외 다이빙의 경우는 많은 지역에서 입수한 포인트로 다시 올라오는 경우가 많아 SMB를 사용하지 않고 하강줄과 상승줄을 같이 사용한

다. 하지만 국내다이빙의 경우 입수한 지점으로 다시 돌아오는 회귀다이빙을 하는 경우가 거의 없다. 그래서 대부분의 다이빙에서 가이드라인 없이 상승을 해야 한다. 그럴 때 SMB를 올리는 것은 상승 가이드라인 역할을 해준다. 또한 주변을 지나가는 배에게 다이버가 상승을 하고 있다는 것을 경고 할 수 있기 때문에 반드시 SMB를 올려야 하는 것이다. 특히, 다이빙을 진행하는 팀원 중에 초급자가 있다면 5m 안전정지 수심에서 중성부력을 유지하는 것에 어려움이 있을 수 있다. 이때 초급자들은 BC의 공기를 모두 제거한 음성부력 상태에서 SMB를 붙잡고 매달려 있는 방식으로 수심을 일정하게 유지할 수 있어 안전정지 상황에서 매우 유용하게 사용된다. SMB를 올리는 것은 상급자가 된 이후에도 지속적으로 사용하며 습관화하도록 노력해야 한다. 현지의 가이드가 SMB사용을 제재하는 경우(상승라인이 있는 경우)를 제외하고 거의 모든 지역에서 SMB를 사용하는 것을 권장한다. 단, SMB는 다이빙을 같이 진행하는 그룹의 모든 인원이 올리는 것이 아니라 1, 2번 상급자 중에 한 명이 올리는 것을 원칙으로 한다.

위험한 도전을 하지 않는다

 세벽부터 일어나 짧지 않은 이동시간을 달려서 도착한 동해안 리조트에서 바다상태가 좋지 않아 다이빙진행이 어렵다면 얼마나 허탈한가? 하지만 그래도 안전을 위해 바다상태가 좋아질 때 까지 반드시 기다려야 한다. 그런데 약간은 애매한 상황이 있을 수 있다. 폭풍주의보 같은 기상제약은 없어서 배가 나갈 수 있지만 파도, 너울 등이 어느 정도 있어 다이빙이 가능할지 판단이 애매한 경우이다. 이런 상황에서는 '본인의 다이빙 진행여부'는 반드시 본인의 의지로 결정을 해야 한다. 같이 다이빙을 진행하는 팀원들이 모두 다이빙을 진행하자고 하여도 본인이 힘들 것 같다고 판단이 되면 절대 다이빙을 하면 안 된다. 다이빙은 위험한 상황에 노출이 되어도 충분한 연습과 대비가 있다면, 별다른 어려움 없이 극복할 수 있다. 하지만 처음

보는 바다상태에 심리적으로 위축이 되어 본인의 평소기술을 모두 발휘할 수 없다면 실수를 할 가능성이 있다. 그러한 실수는 본인을 위험에 빠트리는 결과를 가져올 수 있다. 다이빙은 도전을 하며 극복을 하는 스포츠가 아니다. 서서히 본인의 기술수준이 숙달 되며 환경에 대한 어려움이 조금씩 사라지는 긴 호흡이 필요한 스포츠이기 때문이다. 다이빙은 기술도 중요하지만 자신감이 더욱 중요하다. 상황을 극복할 수 있는 자신감을 가지고 도전을 해야 한다.

스트레스 상황을 극복하라

　스트레스는 만병의 근원이고 문제의 시작이라는 말이 있다. 어떠한 문제가 발생하면 그 원인을 찾아보면 반드시 그 원인이 있다. 다이빙에서는 그러한 문제를 발생시키는 원인의 많은 부분을 스트레스가 차지한다. 다이빙을 하면서 위험이 예상되는 다이빙 포인트에서의 다이빙을 자제하고, 사전에 다이빙계획에 대한 철저한 점검과 준비를 한다면 그렇게 심각한 위험상황에 직면하는 경우는 거의 없다. 그런데 우리는 가끔씩 미디어를 통해 다이빙사고 소식을 접하게 된다. 그러한 사고가 발생하는 원인은 무엇일까? 그러한 사고를 분석해 보면 크게 두 가지로 나눌 수 있다.

　한 가지는 다이빙의 원칙을 지키지 않은 다이빙을 진행하는 경우이다. 다이빙은 '안전을 최우선으로 한다'는 원칙을 가지고 있다. 예를 들어, 아무리 아름다운 환경을 가진 바다라고 하여도 안전이 확보되지 않는다면 다이빙에 도전하지 않는 것이 원칙이다. 이런 안전을 담보하는 원칙들은 이미 OW 교육과정에서 지겨울 정도로 들었을 것이다. '반드시 버디다이빙을 해야 한다', '공기통의 공기 잔압이 70bar 가 되기 전에 상승을 시작하여야 한다' 등의 원칙들은 아무리 강조해도 부족하지 않은 절대원칙이라 할 수 있다. 다이빙 사고의 90% 이상이 다이빙원칙을 지키지 않은 상태에서 발생하고 있다는 것을 보면 안전한 다이빙을 위한 원칙적이고 철저한 준비는 다이빙의 시작과 끝이라고 봐야 한

다.

 두 번째 사고 원인으로 꼽을 수 있는 것은 다이버개인에게 있는 문제다. 그 대부분은 여러 가지 원인의 과도한 스트레스발생이고 그에 따른 판단착오라 할 수 있다. 아무리 안전한 다이빙을 강조하고 원칙을 지키는 다이빙을 해도 알 수 없는 원인으로 다이빙사고가 발생하기도 하는데 이러한 사고를 면밀히 분석을 해보면 그 바탕에는 스트레스가 다양하게 있음을 볼 수 있다. 처음 착용한 슈트가 불편해서 그것을 신경 쓰다 본인도 모르는 사이에 팀원들과 헤어져 혼자 남게 되는 경우도 있고 수중카메라 같은 고가의 장비를 깊은 물속으로 떨어트려 그것을 회수하기 위해 무리하게 깊은 수심으로 다이빙을 시도하는 것도 사고의 원인이 될 수 있다. 이러한 사고의 유형을 보면 스트레스 발생원인이 지극히 개인적인 요인으로 보여 진다. 즉, 다이버본인이 느끼는 상황인식의 차이에서 스트레스의 발생여부가 결정된다. 위에 이야기한 경우에서처럼 장비를 물속으로 빠트린 경우, 아무리 비싼 장비를 분실하여도 '목숨보다 소중한 것은 없다' 는 인식을 가져야 하는데 장비가 아까워서 판단착오를 하고 무리한 행동으로 사고를 유발하는 경우가 다이빙

현장에서 종종 나타난다. 위험할 수 있는 상황이 닥쳤을 때는 즉시 행동을 하지 말고 잠시 생각을 정리하고 행동을 하여야 한다. 그 방법은 스트레스요인을 제거하는데 매우

유용하게 사용된다. 그래서 스트레스로 인한 패닉은 잠시 시간을 가짐으로써 사전에 방지할 수 있다. 아래와 같은 요령을 항상 숙지하고 있어서 상황이 발생하면 아래 절차에 따라 스트레스 요인을 제거하고 다이빙을 지속할 수 있다.

a. 멈춘다(행동을 하기전에 멈추고)

b. 생각한다(지금 어떤 상황인지 생각해본다)

c. 심호흡을 크게 한다(심호흡을 고르면서 대처방안을 생각해본다)

d. 행동한다(상황을 해결하기 위한 행동을 한다)

 누구나 물속에서는 육상에서의 호흡량 보다 상대적으로 적은 량의 호흡을 하게 된다. 그것은 육상에서는 할 수 있는 피부호흡이라는 또 하나의 호흡 순환과정을 할 수 없기 때문이다. 물속에서는 피부호흡을 할 수 없어 호흡기를 통한 호흡만이 우리 몸에 세포에 공기를 공급하는 100% 의 산소 공급원이 된다. 즉, 평소 보다 적은 량(피부호흡은 0.6~1% 정도의 적은 량이지만 코로 호흡을 할 수 없는 갑갑한 상태의 심리적 요인으로 10% 정도의 호흡감소가 발생한다)의 산소공급이 이루어지고 이것은 두뇌로 가는 혈류량 속에 들어 있는 산소의 절대량이 육상에서의 상태보다 조금이라도 적어지게 된다. 그 결과 물속에서는 육상에서 보다 두뇌의 처리속도를 느리게 만든다. 그래서 물속에서는 판단하고 생각하는 것 또한, 느려지게 된다. 그것을 극복하는 방법은 다음과 같다. 물속에서는 생각과 판단이 필요한 상황이라면 반드시 깊은 호흡으로 호흡을 고르며 뇌에 산소공급량을 늘려주고, 발생한 문제를 한 가지씩 나눠서 천천히

해결 방법을 생각해야 한다. 이렇게 천천히 생각하고 편안하게 생각할 수 있게 되면, 본인이 느끼고 있는 스트레스의 원인을 쉽게 찾을 수 있다. 그러면 스트레스 요인을 생각보다 쉽게 제거할 수 있다(대부분의 스트레스 요인은 매우 사소한 것들이다). 다이버는 평소에 물속에서 다이빙을 하면서 행동하며 생각하는 요령을 연습해야 한다. 그것은 육체적인 다이빙기술을 연습하는 것과 같다. 수영장 같은 안전한 수심에서 사칙연산 같은 간단한 계산을 해보거나, 외우고 있던 노래를 불러보며 생각하는 연습을 해보는 것이 좋은 방법이 된다. 다른 유용한 방법으로는 5m 안전정지 시간에 3분에 맞는 노래를 암기하여 그것을 머릿속으로 부르는 방법이다. 5m 안전정지의 시간이 지루할 수 있는데 이때 평소에 즐겨 부르는 노래의 가사를 암기해서 부른다면 지루함도 달래 주고 두뇌 트레이닝도 되는 일석이조의 효과를 가진다(3곡 정도를 암기해두면서 1절을 3곡 부르는 방법과 1곡을 모두 부르는 방법을 번갈아 가며 시도하면 지루함을 줄일 수 있다).

다이빙을 중단하라

 다이빙을 갔을 때 바다 환경이 좋지 않아 어쩔 수 없이 다이빙을 포기한 경험이 한 번씩은 있을 것이다. 그리고 그런 환경에서 약간은 '무리해 보이는 다이빙을 시도하는 팀'을 본 경험 또한 있을 것이다. 그런데 그 상황은 초급자가 보기에 분명히 무리한 상황으로 보이지만, 상급자의 관점에서는 그렇게 위험한 상황으로 판단하지 않은 상태였으며 그 상황을 분명히 통제할 수 있기 때문에 다이빙을 시도 하였을 것이다. 위험해 보이는 상황에서 다이빙 실시여부의 최종결정은 다이버 본인이 하는 것이 원칙이다. 하지만 본인이 다이빙을 원하더라도 다이빙포인트에서의 입수결정은 선장의 허가가 있어야 가능하다. 다이버의 이동과 안전을 최종적으로 책임지는 다이빙보트의 선장이 명령하는 '다이빙 입수가능 결정'은 절대적인 것이다. 선장이 다이빙의 입수를 허가했다는 의미는 다이빙을 할 수 있는 상태라는 판단을 했기 때문이다. 다이빙보트의 선장은 다이빙사고가 발생하면 본인에게 치명적인 문제를 발생시킨다는 것을 알고 있다. 그래서 만약에 발생할 수 있는 위험상황을 충분히 인지하고 있다. 그래서 '절대로 위험한 상황이라면 다이빙을 진행하지 않는다' 라는 전제를 저변에 깔고 있다. 그렇기 때문에 초급자가 보기에는 위험해 보이는 상황에서도 다이빙이 진행되는 모습을 간혹 목격하게 되는 것이다. 다이빙은 그렇게 본인

의 다이빙 기술에 따라 위험을 인지하는 정도가 달라진다. 그것은 실제로는 위험한 상황이 아니지만 본인에게 심각한 위험상황으로 느껴지는 개인적인 위험상황도 있고, 본인을 포함해서 모든 다이버의 안전에 문제를 발생시킬 수 있는 정말 위험한 상황도 있다는 이야기가 된다. 본인의 다이빙 기술이 상급자의 실력을 갖추었고 자신감이 충분하다면 쉽게 극복할 수 있는 상황도 본인의 실력부족으로 커다란 위험으로 인지되는 이중적인 상황이 발생한다는 것이다.

그럼 그런 모순적인 상황에서는 어떻게 해야 하는가? 즉, 본인만 위험을 극대화해서 인지하고 있는 상황이라면, 다른 사람들은 저 사람이 '왜? 저렇게 당황을 했을까?' 라고 단순히 궁금해 하며 아무런 도움을 주지 않는 이중적인 상황을 만나게 된다. 그런 상황에서도 공포를 본인 스스로 극복하고 다이빙을 계속할 수 있다면 제일 좋은 해결 방법이지만, 이미 극도의 공포를 느끼고 있는 본인으로서는 이 상황을 도저히 해결할 수 있는 방법도 생각나지 않으며 다이빙을 계속진행 할 의지도 없어지게 된다. 단지 다이빙을 그만두고 빨리 물에서 나갔으면 하는 생각이 머릿속에 가득하게 된다. 그런 상황에서 가장 현명한 결정은 뭘까? 당연히 다이빙을 중단하는

것이다. 도저히 견딜 수 없는 스트레스는 사고를 발생시키는 제 1 의 원인이다. 그렇게 사고를 발생 시킬 수 있는 여지가 증가하고 있는데 그냥 그대로 다이빙을 진행하는 것은 정말 바보짓이 된다. 다이빙은

누구와 경쟁을 하며 목표를 이루어야 성취감을 느끼는 운동이 아니다. 그냥 편안한 마음으로 바다를 즐기는 것이 운동의 목적이다. 본인에게 엄청난 스트레스로 인한 압박으로 그런 편안함이 사라신 이 시점에 '왜? 더 다이빙을 진행해야 하는가?' 다이빙은 다음에 또 하면 된다. 분명히 다이빙을 경험할 기회는 다시 있고, 또 다른 환상적인 경험이 당신을 기다리고 있다. 그런 상황이 당신에게 발생한다면, 당신은 즉시 다이빙팀 리더에게 다이빙 중단의사를 분명하게 전달하고 다이빙을 중지해야 한다. 그것은 절대 창피한 일이 아닌, 최선을 다한 현명한 선택이 된다.

비상탈출을 준비하라

　초급다이버 시절에는 다이빙을 할 때 위험(본인이 만들어낸 심리적 위험)을 극복하며, 도전하는 본인의 모습에 만족을 느끼며 다이빙을 한다. 하지만 약간만 바다환경이 어려워지면, 공포가 엄습하면서 위험이 거대하게 느껴진다. 그때는 단지 '바다에서 빨리 나가고 싶다' 는 생각만 하게 된다. 그것은 초급자시절 누구나 느끼는 긴장감이 발생시키는 공포로 당신의 다이빙기술이 발전하는 일반적인 과정의 한 부분이다. 그러한 긴장감에 따른 공포는 다이빙경험이 계속 될수록 조금씩 사라지고, 어느 순간 물속이 편안하게 느껴지는 변화된 상태를 인지하게 된다. 그렇게, 조금씩 당신의 다이빙실력이 고수의 모습을 보이게 되는 것이다. 그런데 이때 가장 주의해야 하는 것이 바로 '방심' 이다. 고수가 되어 다이빙을 할 때 다이빙의 모든 상황이 편안해지는 것은 사실이다. 하지만 초급자 때의 위험도와 별반 다르지 않은 '위험요인은 항상 물속에서 존재하고 있다' 는 점을 간과하면 안 된다. 즉, 공기가 떨어질 위험도 있고, 장비가 고장 나는 경험을 할 수 도 있다. 또한 물속에서 폐그물 같은 것이 갑자기 덮쳐서 매우 위험한 상황을 만날 수 있다. 이렇게 예측하지 못한 위험이 본인에게 갑자기 발생하면, 그 상황을 하나씩 분석하고 생각해서 대처한다면 별 어려움 없이 벗어

날 수 있다(대부분의 위험은 본인의 원칙적인 행동과 버디의 도움으로 해결된다). 그러나 그렇게 노력을 해도 어쩔 수 없이 최악의 상황이라면 어떻게 해야 하는가? 즉, 최후의 선택을 해야 하는 경우라면? 이런 최

악의 상황에서는 '그래도 현재의 상황은 최악이지만, 남아있는 방법 중에 최선의 선택'을 해야 한다. 비상탈출을 해야 한다면 당신은 어떻게 할 것인가? 한 번 상상을 해보자. 수심은 20m 인데 게이지의 고장으로 공기통의 잔압을 확인할 수 없었다. 당신은 공기가 충분히 남아있다는 생각을 하고 다니는데 갑자기 공기가 나오지 않아 숨을 쉴 수 없는 심각한 상황에 닥쳤다면, 어떻게 행동해야 하는가? 우선 주변에 도움을 받을 수 있는 사람이 있다면 그 사람에게 다가가 보조호흡기로 공기를 제공받아 공기를 공유하는 것이 최선의 방법이다. 하지만 당황한 상태에서 주변에 사람을 찾을 수 없어 본인의 힘으로 해결해야 되는 상황이라면 어떻게 해야 하는가? 다른 방법이 없다. 그냥 긴급하게 상승하는 것이 마지막 방법이다. 20m 의 수심에서 킥으로 빠르게 상승을 한다면 20초가 걸리지 않는다. 즉, 공기가 떨어져 호흡을 할 수 없는 상황이라도 빠르게 상승을 시도한다면 충분히 상승할 수 있는 시간이 된다는 것이다. 그런데 그렇게 급박한 상황이라면 상승을 시도하는 다이버는 호흡기를 버리고 그냥 상승을 시도하는 실수를 할 수 있다. 그것은 잘못된 '비상탈출' 방법이다. 공기가 고갈된 공기통의 경우에

www.psdc.kr

도 수심 20m 에서 상승을 하면서 10m 수심으로 올라오면 일부 남아 있던 공기가 팽창을 해서 한 모금 이상의 공기를 배출해준다. 그것은 매우 유용한 도움이 되며 그것을 사용해 한 호흡만 시도 하더라도 빠른 긴급 상승 시간을 조금은 늦출 수 있는 여유를 갖게 된다. 공기부족으로 최후의 선택인 '비상탈출'을 한다고 하여도 긴급 상승에 따른 2차적인 부상을 줄이기 위해 호흡이 허락하는 한도 내에서 최대한 천천히 상승을 해야 한다. 그것이 최악의 상황에 선택 할 수 있는 최소한의 안전장치가 된다. '지금 상황에 긴급 상승을 시도해야 한다면?' 이런 생각을 다이빙을 진행하는 중간에 이미지 트레이닝기법으로 머릿속으로 대비하는 연습을 해야 한다. 긴급 상황에 항상 대비를 하는 것은 준비된 고수의 모습이 된다.

실수도 실력이다

 평소에 건망증이 있고, 덤벙대는 성격을 가진 사람들은 일상생활에서도 잦은 실수를 범한다. 안경을 깨 먹거나, 책상모서리에 부딪쳐서 타박상을 입는 것 같은 사소한 실수를 많이 한다. 일상생활에서는 그런 사소한 실수는 본인에게 약간의 불편함이 있지만 주변사람들에게는 사소한 실수로 인식되며 대부분 용납되어진다. 그런데 다이빙을 진행하는 물속 환경은 매우 다르다. 사소한 실수를 매우 심각하게 받아들이며 실수를 하지 않도록 강도 높은 훈련을 요구한다. 그것은 사소한 실수가 본인의 목숨을 위협할 수 있고, 더 나아가서는 다이빙팀 전체에 심각한 문제를 발생시킬 수 있기 때문이다. 대한민국 군대의 내부 활동에서 '구타 및 신체적 제약행위' 등이 면책되는 유일한 공간이 사격훈련장이다. 그것은 목숨을 담보로 하는 행위를 할 때는 얼마나 정신을 똑바로 차리고 행동에 임해야 하는지를 보여준다. 다이빙을 진행하는 물속에서, 사소한 실수는 목숨을 위험하게 만드는 사고로 이어질 수 있다는 것을 심각하게 인식해야 한다. 아래에 기술하는 사소한 실수들은 초급자가 고수의 길로 가는 과정에서 빈번하게 경험 할 수 있는 실수들이다. 이러한 실수들은 원칙적인 절차를 지키지 않고, 부주의하게 행동을 해서 발생하는 실수들이 대부분의 경우이다. 즉, 정신만 똑바로 차리면 절대 발생하지 않는 실수가 된다. 그것은 평소에 철저히 대비를 한다면 실수가 발생하지 않으며 만약, 실수가 발생하여도 쉽게 대처하며 간단히 해결할 수 있다는 것을 뜻한다.

공기통개방

 초급자가 가장 많이 하는 실수가 공기통 개방을 하지 않는 경우이다. 장비를 결합하고 공기통의 잔압을 확인하기 위해 공기통을 개방할 때, 밸브를 오른쪽으로 완전히 돌려 100% 개방을 하고 다시 반 바퀴 왼쪽으로 돌려두는 것이 원칙이다. 그것은 다이빙입수를 하기 직전에 밸브를 앞, 뒤로 돌려봤을 때 쉽게 돌아가면 공기통이 개방되었다는 것을 쉽게 알 수 있기 때문이다(완전히 100% 개방을 한 경우와 완전히 잠겨있는 경우, 두 경우 모두 한 쪽 방향으로만 밸브가 움직이기 때문에 개방 된 것인지? 잠겨있는 것인지? 헷갈리기 때문이다). 그래서 한 번만 살짝 돌려봐도 개방여부를 확인할 수 있다. 그런데 장비를 착용하고 있는 상태에서 팔을 위로 올려 목뒤의 밸브를 확인하는 것은 매우 불편하다. 그래서 버디에게 개방여부를 확인하는 경우가 있는데, 그 때 버디가 착각을 하고 개방된 밸브를 다시 완전히 잠그는 실수를 할 수 있다. 그래서 공기통개방의 최종확인은 본인이 확인하는 것이 맞다. 공기통을 결합하고 공기통의 잔압을 확인할 때 잠시 개방하였다가 다이빙 이동을 위해 다시 잠그는 경우가 많다. 그런데 이때 호흡기 2단계까지 공기가 흘러나와 2~3번 정도 호흡이 가능한 상태가

된다. 그래서 호흡기를 한 번 살짝 흡입해보고 공기통이 개방되어 있다고 결론을 내리는 것은 매우 위험한 행동이 된다. 공기통의 개방여부를 확인하기 위해서는 반드시 호흡기의 퍼지밸브를 1

초 이상 눌러서 공기가 힘차게 분출되는 것을 확인하는 방식을 사용해야한다. 만약 공기통이 개방되지 않은 상태에서 하강을 하다가 호흡이 안되는 경우(대부분 5m 이내의 수심에서 공기가 나오지 않는다), 당황하지 말고 바로 상승을 해서 공기통을 개방하고 다시 하강을 시도해야한다. 이렇게 다시 하강을 다시 시도해야 하는 상황이 되면 반드시 하강을 하기 전에 같이 다이빙을 하는 버디의 위치를 확인하고 내려가야 한다. 만약 버디가 보이지 않는 경우라면 수면에서 대기하며 버디가 중간까지 다시 상승하도록 기다려야 한다. 그러나 버디가 기다려도 계속 올라오지 않는 경우라면 다이빙을 중단하고 보트에 승선해야한다. 물론 사전에 '버디끼리 헤어진 경우 5분 동안 찾아보고 못 찾는 경우 각자 상승을 하는 것'을 원칙적으로 인지하고 있어야 한다.

부실한 장비착용

초급자시절에는 긴장감으로 상급자가 챙겨 주지 않으면 장비착용 조차 혼자 할 수 없다. 그런데 어느 정도의 다이빙경험이 축적되면 장비착용에 대한 상급자의 지시도 줄어들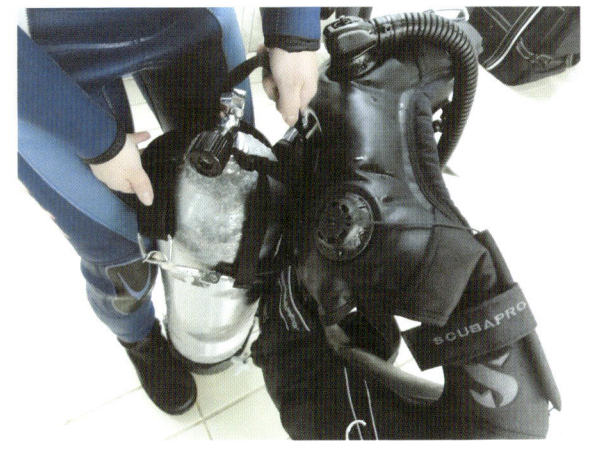
며 본인 또한 스스로 혼자 장비를 착용하는데 익숙해져 간다. 이때 OW 교육을 받을 때 연습했던 장비착용의 순서를 그대로 암기하며 반복한다면 고수가 되어서도 원칙적인 장비착용을 하는 모범이 될 수 있다. 하지만 다이빙경험이 지속되며 약간의 자신감과 자만심이 뒤섞이며 본인도 모르게 약간은 해이해지는 모습을 보이게 된다. 장비착용은 본인이 머리 위에서부터 오리발까지 한 가지, 한 가지씩 확인하면서 상태를 체크해야 한다. 그리고 완전하고 완벽하게 장비를 착용한 상태에서 다이빙을 시작해야한다. 이렇게 장비착용순서를 원칙에 따라 절대적으로 지켜야 고수가 되어서도 장비착용에 실수를 하는 경우가 거의 발생하지 않는다. 다이빙현장에서 보면 100회 이상의 다이빙을 경험한 베테랑다이버도 마스크를 착용하지 않고 보트위에서 점프하며 입수를 해서, 바닷물을 잔뜩 먹고 수면위로 다시 올라와 보트위에 스텝에게 본인의 마스크를 건네 달라고 부탁하는 웃지 못하는 해프닝을 종종 보여준다. 이런 실수를 범한 베테랑다이버는 본인의 실수로 마스크를 착용하지 않고 물속으로 들어가 바닷물을 많이 먹었지만, 본인의 실력으로 별다른 문제없이 다음 조치를 취하고 다이빙을 지속할 수 있다. 하지만 초급자시절에 이런 경험을 하게 되면 수면위로 올라오는 행위에 급급해 장비를 분실하기도 하고, 패닉상태에 이르러 다이빙을 진행할 수 없는 상태가 되는 경우도 있다. 만약 BC에 공기를 주입하지 않고 웨이트를 과하게 착용한 상태에서 그렇게 마스크 없이 입수를 하였다면, 초급자의 경우 수면위로 무사히 나오는 것을 담보할 수 없는 매우 위험한 상황이 된다.

 또 한 가지 초급자가 자주 보이는 장비착용의 실수는 BC와 공기통의 결합을 느슨하게 하는 경우이다. BC와 공기통을 결합하고 BC를 위로 들어봐서 공기통이 빠지지 않는 단단한 상태를 유지하여야 한다. 그런데 그것을 약간 느슨하게 결합하고 다이빙을 진행하면 수심이 깊어지면서 수압에 의하여 공기통결합부분이 더욱 느슨해지는 현상이 발생 할 수 있다. 그래서 공기통이 밑으로 빠져버리는 상태가 되는데, 이 경우는 물속에서 BC를 벗어 다시

장비를 결합해야하는 난이도 있는 행동을 해야 한다(버디가 주변에 있어 도움을 준다면 쉽게 해결 할 수 있지만 본인 혼자 장비 재결합 같은 행동을 시도하는 것은 삼가야한다). OW시절 교육받은 장비착용 순서와 점검방식을 머릿속으로 생각하며 반복적으로 적용하는 다이빙습관을 가져야 한다.

수중장비분실

 수중에서 장비를 분실하는 경우는 크게 두 가지이다. 다이빙을 시작할 때 입수하면서 장비를 정확히 결합하지 못해 발생하는 분실부분과 장비를 사용하다가 실수로 떨어트리는 경우이다. 먼저 장비를 잘 결합하지 못해 발생하는 경우는 보트위에서 입수를 할 때 오리발이 벗어져 분실하는 경우가 제일 많다. 오리발을 오랜 기간 사용하면 스크랩부분이 헐거워져 발에서 빠지거나 스크랩이 끊어져 빠지는 경우가 많다. 이때 본인이 인식을 하고 있다면 재빨리 장비를 회수하면 되지만 두, 세 번의 킥을 하면서 오리발이 빠지는 경우는 깊은 물속으로 오리발이 가라앉는 경우가 발생한다(대부분의 오리발은 음성부력이다). 이 경우 수심이 얕다면 장비를 회수할 수 있지만 30m가 넘는 깊은 수심이라면 과감하게 장비를 포기하는 것이 맞다.

 다른 한 가지인 사용 중에 장비를 분실하는 경우는 카메라, 랜턴 같은 장비를 분실하는 경우이다. 두 가지 모두 고가의 장비로 쉽게 포기할 수 없는 장비이다. 그래서 반드시 사전에 BC와 연결되는 스프링스크랩을 반드시 장착하여 사용하여야 한다. 손에 들고 있다 떨어트리는 장비는 매우 빠르게 물속으로 가라앉아 따라가서 잡는 것은 거의 불가능에 가깝다. 만약 고가의 장비를 빠트렸다면 웨이트에 SMB를 연결해, 웨이트를 장비가 떨어진 자리로 내려서 위치를 표시하고 SMB를 올려 다음 회차 다이빙에서 회수를 하면 된다. 이때는 반드시 보조탱크를 착용하고 장비회수를 시도해야 하며 최대수심이 40m를 넘는다면 과감하게 장비를 포기해야한다. 본인의 목숨보다 중요한 것은 세상에 없기 때문이다.

마스크

 물속에서 위치를 확인하고 버디를 바라보며 이동을 결정하는 행위에는 시각이라는 감각기관에 99% 의존을 한다. 그만큼 물속에서 시야확보는 제일 중요한 요소가 된다. 그래서 다이버는 마스크를 착용한 상태에서 최적의 시야를 확보할 수 있는 여건을 조성해야한다. 초급자시절 가장 많이 실수하는 부분은 마스크 크린징을 충실히 하지 않는 것이다. 바다에서는 마스크내부에 본인의 침을 발라주는 것만으로 충분한 마스크 크린징이 된다. 하지만 약간 지저분하다는 편견으로 침을 조금만 바르는 경우가 있는데 이 경우는 물속에서 계속 마스크 내부에 김이 서려 시야를 방해한다. 물론 물속에서 마스크 내부로 물을 주입해서 크린징을 해주면 되지만 다이빙이 끝날 때 까지 계속 발생하는 김 서림은 매우 불편한 다이빙시간을 만든다. 다이빙을 시작하기 전에 반드시 충분한 마스크 크린징을 해서 김 서림을 방지해야 한다. 또 한 가지 초급자가 물속에서 마스크를 사용하는데 매우 불편해 하는 것이 있는데 그것은 마스크 내부로 물이 들어오는 것이다. 이 또한 지속적인 물 빼기를 시도해야하는 매우 불편한 다이빙시간이 된다. 이런 현상의 원인은 마스크장비 자체에 결함으로 물이 들어오는 경우가 있다. 그것을 방지하기

위해서는 다음과 같이 확인하면 된다. 다이빙을 들어가기 전에 마스크를 얼굴에 밀착하고, 코로 호흡을 들이마시면 마스크가 얼굴에 밀착되어 더 이상 호흡을 할 수 없게 된다. 하지만 마스크에 이상이 있는 경우 약간의 구멍으로 공기가 들어오는 것을 느낄 수 있는데 이 때는 마스크를 교환해서 다이빙을 해야 한다. 다른 한 가지는 마스크와 얼굴사

이에 후드가 씹히는 경우와 머리카락, 콧수염 같은 것이 마스크와 얼굴의 밀착을 방해하는 경우이다. 후드의 경우는 마스크를 착용할 때 장갑을 착용하지 않은 상태에서 후드가 씹힌 부분이 있는지 손으로 확인을 하고 버디에게 최종적으로 확인을 하는 것이 좋다. 그리고 머리카락은 미리 후드착용 같은 행동을 할 때 정리를 해서 씹히는 일이 없도록 하고 콧수염은 깨끗하게 면도를 하고 다이빙을 하면 된다.

장비의 준비 및 정리소홀

다이빙현장에 도착했는데 본인의 장비 중에 일부를 가져오지 않은 경우 매우 불편하다. 특히 호흡기, 마스크 같은 다이빙활동에 직접적인 영향을 주는 장비를 가져오지 않은 경우는 다이빙을 하기 힘든 경우까지 발생한다. 그래서 다이빙을 출발하기 위해 장비를 준비하는 단계부터 장비를 점검하는 요령을 숙지해야한다. 장비를 착용한 상태를 기준으로 위에서부터 아래쪽으로 한 가지씩 점검을 하면 빼먹는 경우는 거의 발생하지 않는다.

해외리조트를 방문하는 경우 현지 리조트스텝들이 장비의 세척 및 건조까지 처리해주는 서비스를 제공하기도 한다. 하지만 장비의 최종정리는 반드시 본인이 해야 한다. 특히 집으로 돌아오기 위해 장비를 꾸리는 경우는 출발 때와 마찬가지로 본인의 장비를 머리 위쪽부터 아래쪽으로 순서대로 나열을 해서 본인이 가져온 장비와 완전히 일치 하는가 확인을 해야 한다. 장비를 가방에 집어넣으면서 동시에 확인을 하면 분명히 헷갈리는 상황이 발생하고, 다시 장비를 가방에서 꺼내서 확인하는 번거로움을 겪어야한다. 다이빙현장에서는 다행히도 본인의 장비를 다른 사람이 일부러 가져가는 일은 거의 발생하지 않는다. 하지만 인기 브랜드의 경우는 비슷한 모델을 사용하는 다이버들이 많아 본인 또한 본인의 장비를 찾기 어려운 경우도 있다. 그래서 사전에 본인의 장

비에 이름이나, 이니셜 등을 표시해서 장비가 바뀌는 일이 없도록 대비해야 한다.

사소한 부상

초급자들이 가장 많이 겪는 부상은 타박상과 찰과상이다. 물속에서는 육상에서보다 가깝게 보이기 때문에 오히려 안심을 하고 이동을 하다 바위 같은 곳에 찰과상을 입는 경우가 많다. 또한 물속에서 수중에 있는 생물체(성게, 산호 등)를 확인하지 않고 그 위를 무릎으로 누르는 행동을 하는 경우가 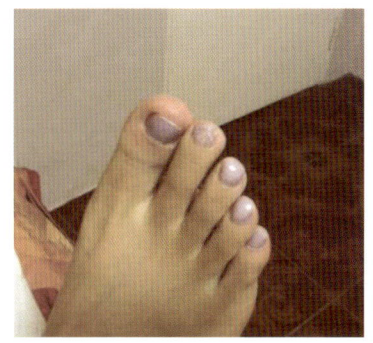 있는데 수중생물의 가시나 독침 같은 것에 쏘이면 사소한 부상이 큰 부상으로 이어질 수 있다. 그래서 물속에서는 주변을 잘 살펴서 위험요소가 어디에 있는지 확인하는 습관을 가져야 한다.

다이빙을 끝내고 올라와서는 갑자기 느껴지는 공기통의 무게로 몸 상태가 매우 힘든 상태가 된다. 이때 주변을 확인하지 않고 움직이다가 다른 다이버에게 타박상을 입힐 수 있다. 다른 다이버가 고개를 숙이고 오리발을 벗고 있는 옆으로 지나가가 공기통으로 머리를 가격하는 경우도 있고, 다른 다이버가 손을 짚고 쉬고 있는 자리에 공기통을 떨어뜨리며 손을 가격하는 경우도 발생 할 수 있다. 두 경우 모두 공기통의 무게만으로 심각한 부상을 발생시킬 수 있다. 특히 맨손을 가격하는 경우, 손가락뼈가 부러지는 중상을 입힐 수 있으니 본인의 움직임에 매우 주의를 기울여야 한다. 사소하게 보이는 부상이 심각한 부상으로 이어질 수 있는 것이 다이빙현장이다. 남을 배려하고 본인이 조심하는 것이 서로의 안전을 담보하는 유일한 방법이다.

망각

　초급자들은 다이빙을 시작해서 끝낼 때까지 상급자의 뒤를 따라다니는 방식으로 다이빙을 한다. 이러한 다이빙방식은 OW 교육과정에서 연습히였던 상승속도, 중성부력 등 본인이 연습하고 체득해야 하는 다이빙기술들을 망각하게 만든다. 즉, 아무 생각 없이 따라다니면 '본인의 다이빙기술은 거의 발전하지 않는다' 는 것이다. 다이빙기술은 본인이 머릿속으로 생각을 하며, 주변상황과 기술의 적용을 인지하면서 체득이 되는 것이다. 처음에는 상급자의 행동을 보면서 흉내내기를 통해 본인의 실력을 향상시킬 수 있지만, 고수의 기술은 스스로 질문을 하고 스스로 납득할 수 있는 본인만의 기술을 만들어 가는 것으로 완성할 수 있다. 특히 다이빙을 진행하는 과정에서 특정 행동과 기술이 본인의 수준에서는 이해되지 않는 상황이라면 본인이 속한 다이빙팀의 리더에게 질문을 해서 배워갈 수 있도록 노력해야 한다. 모르는 것을 질문하는 것은 결코 창피한 것이 아니다.

외톨이

 초급자시절에는 누구나 잠깐이지만 혼자 있다는 생각을 하게 된다. 물론 실제로 혼자 있는 상황이 아니고, 본인이 주변에 동료를 확인하지 못하여 본인 혼자 있다고 착각을 하는 것이다. 특히, 흐린물 다이빙을 갑자기 경험한다면 주변에 동료가 보이지 않는 경우가 발생 할 수 있는데, 잠시만 숨을 고르면서 주변을 살피면 공기방울이 올라가는 모습을 쉽게 발견 할 수 있다. 그러면 그쪽으로 이동을 해서 동료와 다시 만나서 같이 다이빙을 진행하면 된다. 하지만 실제로 혼자가 되었다면 어떻게 해야 하는가?(그런 상황이 발생하는 것은 전적으로 다이빙팀의 리더의 책임이다) 다이빙을 진행하기 전에 팀원들끼리 헤어지는 경우 하급자가 자리에서 대기를 하면서, 공기통을 두들기거나 딸랑이를 흔들어 본인의 위치를 전파하고 상급자가 그 소리를 듣고 찾아가는 방식의 대응순서를 사전약속을 통해 공고히 하고 다이빙을 진행해야 한다.

만약 5분의 시간이 지나는 동안 서로 만나지 못하는 경우는 그 자리에서 호흡기 퍼지 밸브를 2~3초 간 눌러 큰 공기방울로 배위에 스텝에게 상승을 알리고 상승을 시도해야 한다. 이때는 반드시 SMB를 올리고 그것을 붙잡고 상승을 해야 안정적인 심리상태로 상승을 할 수 있다. 어떠한 경우에도 혼자 다이빙을 다니면서 시간을 지체하면 안 된다. 또한 서로 헤어진 지 5분의 시간이 경과하면 물속에서 서로를 찾는 것을 중단하고 올라와야 한다. 물속에서 서로를 찾으며 공기를 소모하는 것은 무의미하고 매우 위험한 행동일 뿐이다.

다이빙 사고사례

 우리가 운전하고 다니면서 목격하는 교통사고는 그렇게 많지 않다. 하지만 매일 언론을 통해 접하게 되는 사고는 생각보다 많다. 특히 자극적인 영상을 좋아하는 유튜브 같은 인터넷 공간에서는 충격적인 교통사고 기록 영상을 쉽게 찾아 볼 수 있다. 그렇게 자주 발생하는 교통사고를 실제 운전현장에서 경험하거나 목격하는 일이 그리 많지 않은 이유는 뭘까? 그것은 당신이 안전운전을 하고 있다는 증거가 된다. 운전을 하는 과정에서는 본인이 운전하는 자동차의 안전한 운전도 중요하지만, 주변의 교통상황을 파악하고 방어운전을 하는 것 또한 매우 중요하다. 그렇게 주의하며 배려하는 운전을 한다면 평생 사고 한번 내지 않는 안전한 모범운전자가 될 것이다. 다이빙도 같은 기준으로 판단을 하면 된다. 다이빙을 하며 안전에 위험이 되는 요소는 매우 다양하게 있다. 하지만 다이버가 그러한 상황에 대한 충분한 준비를

하고, 철저하게 대비한다면 절대 사고가 나지 않는 안전한 다이빙을 할 수 있다. 안전한 다이빙을 위해 국내에서 발생했던 다이빙 사고사례 몇 가지를 소개한다. 정확한 사고 경위는 사고자의 증언이 없어 사고 상황과 주변 현황을 분석해서 추정한 시나리오로 정리를 했다. 사고를 당해 유명을 달리한 다이버의 명복을 빈다.

폐그물

다이빙샵을 운영하는 A씨는 추석 연휴가 끝나는 마지막 날 손님이 없어 리조트에 나가지 않았다. 바다 상태는 매우 좋고 날씨 또한 매우 화창한 날이었다. 늦은 아침을 먹고 쉬고 있는데 전화가 왔

다. '지금 리조트 앞에 있는데 오늘은 다이빙을 못하나요?' 처음 듣는 목소리에 전화번호도 알지 못하는 다이버의 연락이었다. 리조트에 나가서 만나보니 3~40대로 보이는 두 명의 다이버였다. 그들은 이곳을 지나다가 바다가 좋아 보여서 '다이빙을 할 수 있을까?' 전화를 했다고 한다. '바다는 좋아 보이는데 물때가 지나 다이빙이 어려울 것 같습니다' 라고 답변을 하였지만 '앵커를 내려주면 그대로 잡고 내려갔다가 그대로 올라오겠으니 다이빙을 진행해주시죠?' 라는 요청을 받았다. A씨는 처음 만난 다이버인데다 실력이 어느 정도인지 알 수 없어 다시 한 번 거절을 하였다. 하지만 그들은 우리는 마스터다이버로 실력에 문제가 없으니 다이빙을 하게 해달라고 거듭 요청을 하였다. 그래서 어쩔 수 없이 다이빙라이선스를 복사하고, 면책동의서를 받고 다이빙을 진행하기로 하였다. 한 명은 MS등급 다이버이고 다른 한 명은 AD등급 다이버였다. 10분 정도 나가 앞바다 바위섬 뒤쪽 포인트에 앵커를 거는데 물이 많이 흘러 매우 부담스러웠다. '물이 많이 흐르니 반드시 앵커를 잡고 내려가시고 물속에서도 앵커 끝부분에서 멀리 가지 말고 다니시다가 올라오세요' 라고 다시 한 번 당부를 하였다. 두 명의

다이버가 입수를 하고 앵커 쪽으로 줄을 잡고 이동하는 모습을 보니 물의 흐름이 빨라 힘겨워 보였다. 그렇게 입수를 하고 하강하는 공기방울이 올라오는데 점점 더 멀리 공기방울이 흘러가며 올라오는 모습이 관찰되었다. 파도가 없어 평온하고 날씨는 좋았지만 빠르게 흐르는 조류로 배가 한 쪽으로 흘렀다. 어디선가 전화가 울려 통화를 하였다. 통화를 끝내고 시간을 보니 입수한지 30분이 경과 되고 있었다. 멀리 공기방울이 올라오는 거리를 보니 조류의 흐름을 계산하면 앵커 끝 지점에 가깝게 있는 것으로 생각되었다. 40분의 시간이 흐르고 '왜? 안 올라오지?' 라는 생각을 하며 수면아래를 바라보는데 올라오는 공기방울이 보이지 않았다. 조류의 흐름으로 영향을 받아 예상되는 관측지점을 살펴보아도 공기방울이 보이지 않았다. 시간은 이미 50분을 넘고 있었고 주변 바다를 관찰해도 올라온 사람이 아무도 보이지 않았다. 멀리 SMB가 보이는 것 같았지만 자세히 살펴보니 떠내려 오는 쓰레기였다.
'사고다' A씨는 사고를 직감하고 해경에 전화를 했다. 출항 할 때 신고를 받았던 김순경은 다급하게 위치를 확인하고 즉시 출동을 하겠다고 한다. 약 20분의 시간이 지나고 해경 구조대가 도착을 하였다. 아마도 앵커 아래에 있을 것 같다고 상황을 설명을 하니 구조대가 입수를 했다. 정조 타임으로 가까워져서 그런지 조류는 아까보다는 느린 흐름을 보였다. 10여분의 시간이 흐르고 두 명의 다이버가 숨이 멎은 상태로 올라왔

다. 어디선가 흘러온 폐그물에 두 명의 다이버가 서로 엉켜있어 폐그물을 자르고 끌고 올라왔다고 한다. 이미 숨을 거둔 상태이지만 응급처치를 하며 심폐소생을 시도하는 구조대의 모습을 A씨는 한동안 아무 생각 없이 바라보고 있었다. 시신을 수습하고 리조트에 돌아와 남겨진 핸드폰으로 연락을 하니 지인들이 달려왔다. 안전수칙을 잘 지켰는지 경찰서에서 조서를 작성하고 나오는데 A씨는 다이버들의 마지막 모습이 떠올라 기운이 풀렸다. 시신이 안치된 병원으로 가니 유가족들이 아무도 없고 직장 동료라고 하는 사람들이 몇 명 빈소를 준비하고 있었다. 'B씨와 C씨는 두 분 모두 미혼에다 먼 친척만 있는 사람들이라 연휴 같은 때 둘이 잘 어울려 놀러 다녔습니다' 라는 이야기를 들었다. 구조대의 이야기를 전해 듣고 추론을 해보면 아마도 물속에서 한 사람이 폐그물에 걸려 패닉 상태에 이르고 나머지 한 사람이 도움을 주다 호흡기를 놓쳐 같이 사고를 당한 것이 아닐까 생각을 했다. 둘 다 비상용 칼을 차고 있지 않았고 A씨 또한 폐그물을 주의 할 것을 당부하지 않았다. 면책동의서를 받았다고 하지만 도의적인 책임에 A씨는 더 이상 리조트를 운영할 수 없었다.

조류

 A씨는 7, 8월에 동해안으로는 다이빙을 잘 가지 않는다. 고속도로가 너무 밀려서 과다한 이동시간에 따른 피곤함으로 다이빙을 하는 의욕이 떨어지기 때문이다. 그래서 A씨는 이번 다이빙을 서해에서 하는 것으로 계획하였다. 서해다이빙을 잘 알고 있는 B씨에게 물어보았다. '서해다이빙은 혼자 가면 절대 안 되니 경험있는 다이버와 같이 가야 한다' 라는 말을 듣고 그렇게 B씨와 동행하기로 했다. 주말에만 시간이 가능해 주말 다이빙예약을 했다. 리조트에 도착을 해서 다이빙을 준비하는데 물때가 썩 좋지 않아서 그런지 리조트 사장의 주의와 당부가 이어졌다. '다이빙등급은 마스터죠? 동반하는 버디는 있죠? 서해다이빙은 해보셨죠?' 경험이 많은 B씨가 걱정하지 말라고

이야기를 하고 그렇게 다이빙을 시작하였다. 보트는 항구에서 30분 거리에 있는 작은 암초로 다가갔다. 보트를 앵커에 걸고 '오늘은 물때가 나빠 만조타임에 1회만 다이빙을 진행할 예정이니 정확한 시간에 입, 출수를 부탁드립니다' 라는 당부가 다시 이어졌다. 만조시간이 다가오며 조류가 어느 정도 정

조타임으로 변하고 있었고 다이빙보트 선장의 입수신호가 떨어졌다. 보트에는 A, B씨와 같이, 버디를 이루고 온 팀이 3~4팀 정도로 보이고 작살을 들은 현지인 사냥꾼이 한, 두 명 보였다(방문한 리조트는 합법적인 사냥이 가능한 지역). 입수를 해서 앵커라인을 보고 하강을 시작하니 그래도 어느 정도 시야가 나온다. 2~3m 정도가 확인되는 그렇게 걱정할 정도의 시야는 아니었다. 만조타임이 가까워서 그런지 평소에 15m 라는 수심이 20m 를 훌쩍 넘었다. 바닥에는 암반이 나타나고 여기저기 키조개의 군락이 보였다. 같이 내려온 다른 팀은 전혀 보이지 않고 B씨와 둘이 다이빙을 진행하였다. 내려온 암반을 중심으로 오른쪽으로 돌며 생물을 관찰하는데 중간, 중간 치어 떼가 자잘하게 보였다. 그렇게 10분 정도 이동을 하니 처음 입수했던 지점으로 한 바퀴 돌아서 오게 되었다. 이 정도면 나쁘지 않은 다이빙 환경이다 생각을 하며 상승을 위해 앵커라인 쪽으로 이동을 했다. 앵커라인을 보며 상승을 하는데 정조시간이 지났는지 물살이 있어 자꾸 앵커라인에서 멀어졌다. A씨는 5m 안전정지 수심에서 앵커라인을 잡고 안전정지를 하고 B씨 또한 옆에서 안전정지를 하였다. 그렇게 앵커라인을 잡고 상승을 하니 앵커 끝부분으로 보트 줄이 연결되어 있고 사다리가 내려와 있어 그쪽으로 줄을 잡고 이동을 하여 출수 하였다. 시간을 정확히 맞추었는데 이미 정조시간이 경과해 잠시만 줄에서 손을 놓치면 바로 흘러가 킥을 해서 다시 잡아야 하는 상태로 바다가 변

해 있었다. A씨와 B씨는 그렇게 안전하게 다이빙을 끝내고 보트위에서 기다리는데 한 명, 두 명 보트로 올라왔다. '물속이 나쁘지 않다, 물고기가 많다' 등 방금 전 다이빙 경험을 이야기하는 소리가 왁자지껄 들리고 거의 다 올라온 시간이 되었는데 아직 2명이 나오지 않았다는 이야기가 들린다. 앵커라인 쪽으로는 버블이 올라오지 않아 아마도 단독 상승을 하는 것이 아닌가 생각되는데 저 멀리 SMB가 보였다. 보트가 이동을 해서 픽업을 하려 보니 두 명이 아니고 한 명뿐 이었다. '다른 사람은?' 보트선장이 외쳤다. '모르겠는데' 일단 그 사람을 배로 올리고 물어보니 자기도 혼자 왔고, 그 사람도 혼자 와서 처음부터 내려가 각자 다녔다고 하였다. 보트는 다시 하강지점으로 이동해서 다이버를 찾아보고 그곳에서 조류가 흐르는 쪽으로 천천히 이동을 하며 다이버를 찾았다. 보트 위 모든 사람들은 360도 모든 방향을 살피며 없어진 다이버를 찾았다. 그렇게 30분의 정적이 흐르고 1시간의 정적이 흘렀다. 해는 높이 올라 뜨거운데 보트 위에 정적은 오싹한 한기를 느끼는 상태가 되었다. 보트선장의 사고신고가 이어지고 아무 말 없는 무거움으로 항구로 귀항을 했다. 항구에는 해경이 나와 있었고 사고경위 조사가 이어졌다.

당장은 조류가 빨라 수중 수색작업을 할 수 없으니 배를 띄워 수색작업을 한다는 소리를 들었다. A씨와 B씨는 장비를 정리하고 걱정된 마음으로 경과를 지켜보

고 있었다. 그렇게 다급한 시간이 4~5시간 흘렀고 남쪽으로 24km 떨어진 해안가에 다이버로 보이는 사체가 떠올랐다는 소식이 이어졌다. 다이버의 사체는 지나가는 배의 스크루에 쓸렸는지 많이 훼손되었다는 이야기도 들렸다. 아침에 같이 입수할 때 모습이 떠올랐는데 지금의 상황이 믿어지지 않았다. 간단한 해경조사에 증언을 하고 집으로 돌아오는 차 안에서 A씨와 B씨는 별다른 대화를 할 수 없었다.

마스크 분실

A씨는 새벽 4시에 서울에서 출발하여 4시간을 운전해서 서둘러 동해안 리조트에 도착했다. 하시만 너울이 2~3m 로 크게 발생하고 있어 다이빙을 하기 약간은 힘든 바다 상태라는 말을 리조트 사장에게 들었다. 리조트에서 보이는 바다는 백파는 보이지 않고 큰 너울이 보이는 상태로 너울은 있지만 그럭저럭 다이빙이 가능하지 않을까 판단을 하였다. 오늘 저녁 부모님과 친척들이 집으로 오기로 해서 A씨는 동해안에서 자연산 해삼과 멍게를 채집해서 가족들에게 대접하기로 했기 때문에 오늘 꼭 다이빙을 해야 한다고 리조트 사장에게 이야기를 하였다(90년대에는 불법적인 해산물 채집이 용인되었다). 혼자 다이빙을 하는 상황이라 리조트사장이 주변에 살고 있는 다이버들을 불러서 5명 정도의 다이빙팀이 꾸려졌지만 A씨가 전부 아는 얼굴이 아니었다. 10시까지 기다렸지만 너울이 줄지 않아 다이빙 시도 여부를 결정하기 애매한 상황,

A씨에게 리조트사장이 오늘은 다이빙을 하지 못할 것 같다고 하였다. 하지만 집에서 기다리는 가족을 생각하니 뭐라도 조금은 가져가야 한다는 생각에 매우 큰 아쉬움이 가득했다. 그때 그 지역 다이버가 깊은 수심이 아닌 항구 방파제 밖으로 수심이 10m 정도 나가도 아직은 수온이 낮아 어느 정도 멍게가 있을 수 있으니 한 번 가 보는 게 어떻겠냐고 리조트 사장에게 말하는 것이었다. 리조트 사장은 그 쪽은 수심이 낮아 너울이 깨져 백파가 발생해서 입출수가 어렵다고 난색을 표명했다. A씨는 그래도 가보자고 그 다이버의 말을 도왔고, 다른 다이버들의 의견이 모여 그럼 한번 가서 상황을 보고 입수를 결정하는 것으로 이야기가 되었다. 6명의 다이버가 준비를 하고 이동을 해서 현장에 도착을 하니 그렇게 파도가 크지 않고 너울도 깊지 않아 다이빙이 가능해 보였다. 그래서 다이빙을 진행하기로 결정을 했는데 여성이 포함된 3명의 팀이 무서워서 다이빙을 못하겠다고 포기를 했다. 그래서 A씨와 다른 두 명의 다이버가 입수를 하였다. 입수를 하고 수면에서 다른 두 명의 다이버와 같이 다이빙을 따라 다닐 생각을 하고 있는데 그 두 명의 다이버가 '그럼 있다가 봅시다' 라고 이야기를 하며 물속으로 사라지는 것 이었다. A씨는

약간은 당황스럽지만 따라서 입수를 해서 내려가는데 시야가 2~3m 정도라 이미 입수한 다이버를 찾을 수 없는 상황이었다. 어느 정도 내려가니 수심 8m 지점에 방파제의 모습

이 보이고 밀려 온 너울로 서지가 계속 돌아 방파제 구조물에 자꾸 부딪치는 상황이 되었다. 조금 더 깊은 수심으로 내려가니 모래바닥이 보이고 주변에  는 아무 것도 보이지 않았다. A씨는 열심히 해삼이나 멍게를 찾았지만 10m 내외의 동해안 얕은 수심에서 해삼, 멍게를 찾는 일은 거의 불가능해 보였다. 그렇게 20여분을 찾았지만 겨우 10cm 정도 되는 해삼 한 마리와 멍게 3마리가 전부였다. 그냥 어시장에서 싱싱한 놈들로 구입을 해서 가져가는 것으로 생각하고 다이빙을 중단하였다. 깊은 바다로 나가서 SMB를 올리고 안전정지를 하는데 서지 때문에 무척 힘들었다. 수면에 올라오니 방파제에서 꽤나 멀리 나와 있었고 너울이 오르락내리락 하여 멀리 보트가 보였다, 안 보였다 했다. 잠시 기다리니 보트가 픽업을 왔고 A씨는 무사히 다이빙을 끝냈다. 그렇게 올라와 약간의 시간이 흐른 후 다른 한 명의 다이버가 올라왔고, 마지막 한 명의 다이버를 기다리고 있었다. 멀리 나머지 한 명의 다이버가 올라온 것이 발견되었고 픽업을 위해 보트가 접근을 하였다. A씨는 그 사람이 뭐를 잡았는지 궁금해서 그쪽을 유심히 바라보고 있었다. 그 사람은 마스크를 머리 위에 올려 쓰고 있었고 한 손에는 작살을 다른 한 손에는 물고기를 잡은 꿰미를 들고 있었다. 꿰미에는 2~3마리로 보이는 물고기가 엮여 있었다. 보트가 접근하고 있는데 같이 다이빙을 했던 친구로 보이는 다이버가 얼마나

잡았는지 크게 물어보았다. 그 다이버는 입에 호흡기를 물고 있지도 않았고 마스크도 쓰고 있지 않았다. 손을 크게 올려 본인이 잡은 물고기를 보여주었다. 그 순간 갑자기 큰 파도가 그 사람을 덮쳤고 손에 들고 있었던 물고기가 사라졌다. 그 사람은 물고기를 잡기 위해 손을 뻗는 것으로 보이는 행동을 했지만 잡히지 않았는지, BC에 공기를 빼며 갑자기 다시 잠수를 시도하는 것 이었다. 분명히 A씨가 보기에는 마스크도 쓰고 있지 않았고 호흡기도 물고 있지 않았는데 그대로 그렇게 잠수를 시도하고 물속으로 내려갔다. '물속에서 잡은 고기를 다시 가져 오려고 하나보다' 라는 생각을 하고 있었고 1~2분의 시간이 경과되었지만 그 다이버는 올라오지 않았다. 그렇게 10분의 시간이 지나고 배위에는 커다란 너울에 흔들림과 침울한 분위기만 흐르는 기다림의 시간이 지나고 있었다. 10분이 지나자 보트선장은 방파제에서 떨어져 약간 바다 쪽으로 나와서 주변을 열심히 살피고 배위에 있는 우리 모두는 집중을 해서 그 다이버를 찾았다. 30분의 시간이 지나고 처음 다이빙에서 이미 30분 이상의 공기를 사용한 상태라 도저히 물속에서 더 생존할 수 없는 시간이 되었다. 보트선장은 해경에 실종신고를 하고 리조트에 구조 다이빙 팀을 꾸리는 전화를 여기저기 하며 계속 그 다이버를 찾고 있었다. 1시간 정도의 시간이 경과되고 해경이 현장에 도착을 하였고 일단 항구로 돌아왔다. A씨의 머릿속에는 그 사람이 손을 높이 들었던 물고기 꿰미의 물고기가 계속 생각났다. 결국 그 다이버는 실종 3시간 만에 방파제 끝부분에서 발견되었고 마스크도 쓰고 있지 않고 손에는 고무줄로 연결된 빈 작살만이 덩그러니 달려있었다.

위의 사례에서 보면 사고를 당한 다이버들은 너무도 간단하지만, 매우 중요한 다이빙 원칙을 어기고 있음을 알 수 있다. 버디 다이빙의 개념은 입수부터 출수까지 같이 다이빙을 진행하며 서로에게 도움이 필요할 때 도움을 주는 것이 버디다이빙 시스템이다. 하지만 위 사례에서 보는 것 같이 버디로 지정된 사람들끼리 단순히 같이 입수를 하지만 같이 다니거나 물속에서 서로에게 도움을 주는 행동은 전혀 하지 않았다. 버디끼리 상호간에 신뢰를 가지고 도움을 주는 원칙이 지켜졌다면 사고를 막을 수 있는 사례라고 할 수 있다. 또 한 가지 눈여겨 볼 부분은 세 번째 사례에서 보이는 사고 원인이다. 출수를 할 때 다이버는 반드시 보트에 올라온 이후 안전이 확인된 시점까지 마스크와 호흡기를 착용하고 있어야한다. 하지만 사고자는 이런 원칙을 간단히 망각한 것이다. 아마도 사고다이버는 매우 많은 경험을 가진 베테랑다이버였을 것이다. 그렇기 때문에 자신의 실력을 믿고 다시 물속으로

재 입수를 결정한 것이다. 하지만 평소에도 다이빙을 끝내고 수면에서 대기를 할 때 마스크를 벗는 잘못된 버릇이 지속되었을 것이다. 그런 사소한 실수가 본 사고사례에서처럼 심각한 결과를 초래한 것이다. OW 교육과정에 가장 중요하게 교육하는 마스크와 호흡기의 안전한 사용방법은 다이빙경험이 지속되는 평생 동안 지켜야 하는 가장 큰 원칙 중에 하나가 된다.

06 혼자 떠나기는 고수의 특권

다이빙원칙 중에 가장 중요한 것은 버디다이빙 시스템이다. 아무리 뛰어난 다이빙기술을 가지고 있어도 혼자서는 도저히 해결할 수 없는 문제가 물속에서 발생할 수 있다. 그때 그러한 문제 상황에도 버디가 함께 한다면 대부분 쉽게 극복할 수 있다. 그것은 많은 다이빙경험과 교육시스템의 발전을 통하여 정착된 변하지 않는 원칙이며 다이빙을 즐기는 평생 동안 반드시 지켜야 되는 가장 중요한 원칙이라고 단언할 수 있다. 그런데 여기서 아이러니하고 선택이 어려운 딜레마에 빠질 수 있다. 분명히 다이빙은 버디와 같이 해야 하는 스포츠인데 현실에서는 본인의 다이빙일정과 항상 같이 할 수 있는 평생의 버디를 구하기는 거의 불가능하다는 문제가 실제로 존재한다. 물론 배우자와 같이 다이빙생활을 즐길 수 있다면 최선의 방법이 될 수 있다. 하지만 그 경우에도 일반적인 결혼생활의 예를 보면 30~40대에 한창 다이빙을 즐길 수 있는 시절이 육아라는 인생에 가장 의미 있는 기간과 상충된다. 아이들이 어느 정도 성장을 하고 같이 다이빙을 즐길 수 있다면 매우 좋겠지만 그 또한 수심의 한계라는 명확한 금지선이 있어 같이 할 수 없다(성장기 아이들에게 수압은 아이들의 성장판에 손상을 줄 수 있다는 연구결과가 있고, 수압에 대한 안전성이 입증되지 않아 대부분의 다이빙 교육단체에서 깊은 수심의 다이빙을 금지하고 있다. 12세

이하는 다이빙을 절대 금지하고 13~15세는 10m까지, 16~19세는 15m 까지 수심을 제한하는 다이빙을 경험할 수 있다). 결혼을 하지 않은 직장인의 경우, 본인의 휴가일정과 같은 일정으로 다이빙투어를

떠날 수 있는 친구를 사귀는 것 또한 매우 어려운 일이 된다. 또한, 초급자시절에는 교육 강사가 계획하는 다이빙 투어를 참여해서 같이 다녔지만 어느 정도 실력이 향상되면 교육 강사가 진행하는(교육생을  동반하는) 다이빙 투어는 조금은 밋밋한 다이빙 투어로 느껴진다. 그래서 인터넷을 통해 동아리를 찾게 되고 그곳에서 본인과 잘 맞는 그룹의 다이빙팀을 만나려 노력한다. 그런데 그런 노력 또한 매우 어려운 도전이 된다. 사전에 알고 있는 사람이 한 명도 없는 생소한 동아리에 찾아가는 것조차 부담스럽고, 동아리의 분위기가 어떤지 알아보는 것은 가입해서 활동하기 전에는 알 수 없다. 그래도 용기를 내서 찾아가, 회원 가입을 하고 활동을 해보면 본인이 생각했던 것 보다 다이빙실력이 부족한 사람들이 많이 있고, '그들의 안전과 본인의 안전을 담보할 수 있는 것' 이 거의 없다는 점에서 실망을 하게 된다. 즉, 이전까지는 담당 강사가 책임을 지고 다이빙기술을 지도하고 실력을 향상시킬 수 있는 방향을 제시해왔지만, 동호회에서는 다른 사람의 다이빙실력에 대하여 지적하는 것이 금기시 되어, 서로간의 다이빙기술 향상을 기대하기에는 무리가 따른다. 이렇게 실망을 하고 다른 곳의 다이빙 동호회를 찾아도 대부분의 다이빙 동호회가 구성원들 간의 친목을 도모하는 형태로 운영되는 경우가 많아 동호회 활동으로는 본인이 진정으로 원하던 고수의 길을 찾을 수 없다. 그러면 스스로 고수의 길을 가려면 어떻게 해야 하는가?

'백 마디 말보다 실천이 귀중하다' 라는 속담이 있다. 많은 사람들과 교류하

며 다이빙경험을 축적하며 다이빙기술을 하나씩 스스로 익혀 나가는 것이 가장 중요한 방법이 된다는 이야기다. 이제 초급자의 모습을 버리고 고수의 길로 나서는 당신이 선택할 수 있는 것은 명확하다. 더 많고 다양한 새로운 다이빙경험이다. 지금 당장 이런저런 제약을 훌훌 털어 버리고 마음만 먹는다면 바로 떠날 수 있다. 당신이 혼자서 떠나는 여행에서 뭔가 의미를 찾을 수 있는 다이빙을 하고 돌아온다면, 당신은 고수의 면모를 갖추게 될 것이다. 그 여행은 당신을 다이빙의 고수로 한정되지 않고, 당신이 살아가는 당신의 인생에서도 고수의 길로 인도할 것이다.

혼자 떠나기

 다이빙투어를 계획하는데 친구가 같이 한다면 정말 좋다. 다이빙현장에서는 듬직한 버디가 되어 주고, 여행중간에는 의지할 수 있는 길동무가 되어준다. 하지만 매번의 다이빙투어에서 그러한 기대를 하는 것은 거의 불가능 하다. 아무리 친한 친구라도 매년 같은 일정으로 다이빙투어를 함께한다는 것은 정말 어렵다. 우선은 친구와 같이 떠나려 계획을 해보자. 하지만 그것이 어렵다면 다이빙투어 자체를 포기하지 않는다면 얼마든지 당신 혼자 떠날 수 있다. 혼자 떠나는 여행은 최초에 마음을 먹고 출발하기가 매우 어렵다. 그것은 누구나 갖는 생소한 환경에 대한 두려움으로 처음에 시도하는 것을 주저하는 것이다. 그것은 보통사람들이 행동하고 생각하는 매우 일반적인 현상이다. 그런데, 이미 인터넷 세상에서는 혼자 떠난 다이버들의 경험을 얼마든지 찾아 볼 수 있다. 특히, 열대바다의 다이빙리조트에는 50% 이상의 손님들이 '혼자 온 손님들'이다. 요즘은 인터넷을 통해 검색을 해보면 지구상에 존재하는 거의 모든 다이빙리조트의 정보를 찾아 볼 수 있다. 그리고 우리나라 사람들이 방문하는 리조트에 대한 정보는 더욱 더 손쉽게

찾을 수 있다. 이미 다양한 경험을 한 여행자들의 블로그에서 매우 친절하고 자세한 정보를 얻을 수 있다. 즉, 당신은 여행을 떠나겠다는 단순한 결심과 휴가시간, 비용을 준비하면 된다(직장인에게

가장 큰 제약 조건이 되는 비용준비는 매달 10만원의 여유자금을 적립하는 것을 권장한다. 그 자금은 1년에 120만원을 만들어주며 그것으로 당신은 매년 1회 이상 즐겁고 행복한 다이빙투어를 떠날 수 있다. 당신 자신에게 매달 10만원의 투자를 하는 것은 당신인생에 잊지 못할 추억으로 영원한 보답이 된다). 대부분의 직장인들이 1년에 한 번 정도의 휴가를 떠난다. 그리고 그 휴가를 위한 계획을 하고 그것을 기대하며 직장 생활을 한다. 그러한 휴가를 당신은 다이빙을 통해 특별한 경험으로 업그레이드 할 수 있다. 육지를 기반으로 살고 있는 사람들이 경험하기 어려운 물속의 세상을 당신은 정기적으로 방문할 수 있다. 그것은 단지 당신의 의지만으로 가능한 일이 된다. 그렇게 떠난 다이빙을 자세히 살펴보면, 물속에서 버디와 함께하며 서로를 보살피며 같은 경험을 하는 것 같지만 최종적인 경험은 본인 혼자 느끼게 된다. 즉, 같은 다이빙포인트를 경험해도 서로 다른 느낌을 받을 수 있고, 같은 생물체를 보더라도 감응이 다를 수 있다. 또한, 물속 깊이 다이빙을 하면서 당신은 당신을 극복하고 당신 스스로를 생각할 수 있는 철학적 사유를 할 수 있는 의미 있는 시간을 경험 할 수 있다. 혼자 떠나는 것은 분명히 약간은 두려운 도전이 될 수 있다. 하지만 '혼자만의

시간을 갖는다'는 것이 다시 돌아와 일상생활에 복귀했을 때 본인에게 매우 큰 삶에 에너지로 작용한다는 것을 분명히 보장한다. 지금 앞으로 1년 동안의 다이빙을 계획하고 준비하기 바란다. 그

렇게 떠나서 충분한 경험으로 돌아온다면 당신의 모습은 이미 다이빙고수의 모습으로 변해 있을 것이다.

어디로 갈까?

 당신은 어느 곳에서 다이빙을 처음 시작했는가? 열대바다에서 체험다이빙을 처음 경험했을 수 있다. 국내에서 라이선스 교육을 받았다면 바다실습을 위하여 동해안 또는 남해안, 아니면 제주도에서 다이빙을 경험했을 것이다. 또는 열대바다로 라이선스 획득을 위한 교육투어에 참여해서 열대바다에서의 다이빙경험이 유일한 사람도 있을 것이다. 이렇게 다양한 경로로 다이빙을 시작하고 다이빙 경험이 각자 다를 것이다. 그런 상태에서 어느 한 쪽으로 일반화해서 이야기를 하기에는 약간의 무리가 따른다. 그래서 여기서는 이 책을 읽는 당신(국내다이버)을 대한민국의 한반도 육지에서 살고 있는 다이버라고 가정하고 여행지를 소개한다.

국내다이빙(동해, 서해, 남해)

안타깝지만 국내다이빙은 아직까지도 혼자 떠날 수 있는 환경이 갖추어진 곳이 거의 없다. 동해안, 남해안, 서해안까지 대부분의 리조트가 다이빙가이드를 운영하고 있지 않다. 만약, 다이빙가이드를 원한다면 별도의 추가비용을 지불하고 다이빙을 진행 할 수 있지만 그 또한 사전예약을 통해 리조트와 조율이 필요하다. 국내다이빙은 현지사정을 잘 알고 있는 담당 강사가 다이빙 팀원을 인솔해서 책임을 지고 다이빙을 진행하는 시스템이다. 리조트는 단지 공기통의 대여와 다이빙포인트까지의 이동, 장비세척, 샤워장 같은 편의시설을 제공하는 것을 담당한다. 즉, 국내다이빙은 많은 경험을 가지고 있는 담당강사를 통해서만 다이빙진행이 가능한 곳이 대부분이라 보는 것이 맞다. 이러한 시스템이 운영되는 이유는 다이빙시장이 작기 때문이다. 다이빙가이드를 운영하는 것은 다이빙리조트 입장에서는 채산성이 맞지 않는다.

다이빙가이드의 운영을 기대하려면 다이빙인구가 지금의 두 배는 되어야 가능하다고 보는데 당분간 기대하기 어렵다고 보는 것이 현실적이다.

제주도다이빙

국내다이버에게 제주도가 근거리에 위치하고 있는 것은 축복이라 말을 할 수 있다. 제주도는 겨울철에도 웨트슈트다이빙이 가능한 수온을 보이는 국내에 유일한 지역으로 1년 365일 다이빙이 가능하다. 제주도 다이빙지역은 한라산을 중심으로 북쪽에 제주시권역과 남쪽에 있는 서귀포권역을 대표적인 지역으로 볼 수 있다. 또한, 동쪽에 있는 성산, 우도지역과 서쪽에 차귀도 지역은 특별한 생물체를 관찰 할 수 있는 다이빙포인트로 구성되어 있다. 최근 몇 년 동안 분명한 것은 제주 바다 환경이 아열대 바다 환경으로 변화를 거듭하고 있는 것은 사실이다. 제주도에서 생계를 위해 물질을 하는 해녀들이 매우 싫어하는 거품돌 산호(성게, 소라 같은 어족자원이 공존하지 못함) 같은 군락이 많은 지역에서 나타나고 있다. 그리고 열대바다에서 관찰되는 앵무고기 같은 열대어종이 다수, 터를 잡고 살고 있다. 그러한 변화는 국내다이버에게 가까운 거리에서 열대바다를 경험할 수 있는 기회를 제공한다. 이렇게 색다른 경험을 즐길 수 있는 제주도는 다이빙서비스를 제공하는 리조트시스템 또한 매우 발달되어 있다. 제주도에 위치하고 있는 리조트들은 대부분 홈페이지를 통해 예약을 하거나 현지에 방문을 해서 직접예약을 할 수 있다. 또한, 현지에 상주하는 스텝들이 혼자 방문한 다이버에게 버디와 가이드를

같이 제공해주는 시스템을 갖추고 있어 혼자 다이빙투어를 떠나도 매우 편리하게 다이빙을 즐길 수 있다.

오키나와다이빙

　인천공항에서 2시간의 이동으로 '동양의 하와이'라고 하는 오키나와에 도착할 수 있다. 오키나와는 너비 3~26km 와 길이 108km 를 가지는 본섬과 57개의 부속섬으로 이루어져 있다. 다이빙 포인트는 크게 본섬주변과 본섬에서 2~3시간 보트이동이 필요한 주변 섬에서 다이빙을 진행 할 수 있다. 오키나와 바다는 1년 내내 20m 이상의 시야를 보이는 청청해역으로 국내바다에서 답답한 시야로 고생하던 다이버에게 청명한 가을 하늘같은 신선함을 준다. 오키나와는 일본 특유의 다이빙 시스템으로 운영되고 있는데 그 방식은 다음과 같다. 한 대의 보트에 여러 그룹의 다이빙 팀이 동승을 해서 각자의 책임 가이드를 따라 다이빙을 진행한다. 즉, 다이빙보트 협회에 미리 등록된 가이드가 손님을 책임지고 인도하는 시스템으로 담당가이드를 통해서만 다이빙이 진행된다. 물론 오키나와에도 한국인이 가이드를 하는 다이빙리조트가 있다. 다이빙을 계획하는 단계에 그 곳에 연락을 해서, 비행기의 출/도착 스케줄을 알려주면 다이빙진행, 숙박, 관광 등의 일체를 예약할 수 있다.

괌, 사이판다이빙

필리핀과 동일한 거리에 있는 괌, 사이판은 4시간 30분 정도의 비행시간으로 도착할 수 있다. 미국령에 속하고 있지만 ESTA 같은 사전 입국허가가 필요 없는 특수지역이다. 지도를 살펴보면 사이판과 괌은 북태평양의 서쪽에 있  으며 세계에서 가장 깊은 바다인 마리아나 해구(평균 수심 7,000~8,000m)의 바로 옆에 위치하고 있다. 그래서 깊은 바다의 청청해역 특징을 보여주는 지역으로 일 년 내내 맑은 시야를 보이고 있으며 따뜻한 수온으로 경산호 군락과 대형어종을 쉽게 관찰 할 수 있는 지역이다. 다이빙시스템은 일본인다이버의 오랜 기간 방문으로 일본의 다이빙 시스템이 정착되어 사용하고 있다. 그래서 열대바다 지역이지만 현지가이드의 통제시스템이 잘 운영되고 있어 동남아 다른 지역에 비하여 쾌적한 환경에서 다이빙을 할 수 있다. 또한, 다이빙종료 이후 현지에서 저녁시간을 보내는 것도 부담 없이 지낼 수 있다.

필리핀 다이빙

 필리핀에 다이빙을 목적으로 방문하는 방문객의 1위를 차지하고 있는 국가가 대한민국이다. 그만큼 한국인다이버를 상대하는 다이빙리조트가 많이 있으며 한국인이 운영하는 리조트 또한 가장 많은 곳이다. 필리핀은 세부, 보홀지역이 가장 많이 발전해 있고, 다른 지역에도 셀 수 없이 많은 다이빙 포인트가 산재하고 있으며 각각의 지역마다 다른 특성을 보이고 있다(필리핀 지역은 현지교통의 불편함으로 아직까지 미공개 상태로 남아있는 다이빙지역이 매우 많다. 이동에 따른 불편함을 감수한다면 당신이 상상할 수 없는 다이빙환경을 경험할 수 있다). 다양한 산호가 아름다운 지역도 있고 바라쿠다, 잭피쉬 같은 군집을 이루는 물고기를 관찰 할 수 있는 지역도 많다. 필리핀 지역의 다이빙 특징은 많은 스텝들이 다이버를 위해 다이빙진행 과정의 거의 전부를 도와준다. 다이빙을 위한 공기통의 결합부터 다이빙이 끝난 이후 장비의 세척과 정리까지 모든 과정을 리조트 스텝이 처리해주기 때문에 다이버는 말 그대로 다이빙만 하면 된다. 물속에서도 현지가이드가 앞뒤에서 지키며 안전한 다이빙을 책임지기 때문에 매우 편안한 경험을 가질 수 있다. 흔히 황제 다이빙이라고 부르는 독특한 서비스를 경험할 수 있는 다이빙지역이다.

기타지역

한국에서 열대지역 다이빙을 하기위해 주로 방문하는 지역(필리핀제외)으로는 태국, 말레이시아, 인도네시아, 몰디브 등을 이야기 할 수 있다. 대부분의 지역은 동남아시아 특유의 열대바다 특징을 동일하게 가지고 있다. 각각의 지역별 특징을 모두 다 설명할 수 없어 관심이 있는 지역이 있다면 인터넷을 통한 검색을 권장한다. 이미 많은 한국인들이 방문을 해서 그 경험을 공유하고 있기 때문에 몇 번의 클릭으로 많은 정보를 얻을 수 있다. 처음 해외투어를 계획할 때는 다양한 지역을 경험하는 것으로 계획을 수립하는 것이 좋다. 그렇게 여러 번의 다양한 지역에 색다른 경험을 하게 된다면 점점 본인과 가장 잘 맞는 다이빙 지역이 자연스럽게 결정된다. 그렇게 본인의 다이빙스타일이 바뀌면 본인에게 가장 잘 맞는 지역을 중심으로 그곳에서 조금 더 심도 깊은 다이빙 경험을 축적하는 것을 권장한다. 다이빙은 같은 바다의 같은 포인트를 들어가도 절대 같은 모습을 보여주지 않는다. 그것은 당신이 같은 지역을 여러 번 방문하여도 '절대 지루하거나 실망하지 않는다' 는 것을 의미한다.

무엇을 준비하나

 혼자 떠날 수 있는 마음에 준비가 되었다면 실제로 준비해야 되는 것이 어떤 것인지 꼼꼼히 확인해야 한다. 해외여행을 떠나기 위해 준비하고 확인해야 되는 일반사항은 너무나 잘 알려져 있어 여기서는 다이버에게 한정해서 이야기한다. 일반적인 여행준비에 대해서는 서점에서 여행지를 소개하는 안내서를 한 권만 구입해도 그 속에 들어있는 유용한 정보로 당신은 대부분의 여행준비를 끝낼 수 있다. 다시 반복해서 이야기 하지만 여기서는 일반적인 내용은 생략을 하고 다이버들에게 필요한 핵심 사항만 짚고 넘어간다.

여행자보험

보험은 다이버에게 정말 필요한 필수항목이다. 물론, 다이빙이라는 레저스포츠를 즐기면서 발생할 수 있는 직접적인 사고에 대해 보상을 해주는 여행자보험은 거의 찾을 수 없다. 하지만 실제 다이빙투어 현장에서 발생하는 사고의 유형을 살펴보면 다이빙에 따른 직접적인 사고는 거의 없고, 그 외에 시간에 발생하는 사고유형이 99% 를 차지한다. 그리고 그 부분에 대해서는 대부분의 여행자보험에서 그 보상책임을 다하고 있다. 소유물에 대한 분실보상이나, 본인이 위해한 상대방에 부상책임까지 매우 많은 부분을 보상범위에 넣고 있기 때문에 여행자보험은 출발 전에 반드시 가입해야 되는 필수 항목이 된다(가입할 때 납입하는 금액 또한 매우 적은편이다). 그런데 만약 다이빙현장에서 사고가 발생한다면 어떻게 해야 하는가? 그것을 보장해주는 보험은 없는 것인가? 실제 다이빙 현장에서 발생할 수 있는 나머지 1% 에 대한 보험은 어떻게 준비해야 하는가? 다행히도 한 곳이 그러한 보장을 대행해주고 있다. 일반적인 영리보험사는 아니지만 그것은 DIVERS ALERT NETWORK(DAN) 라고 하는 비영리단체에 가입을 해서 보호받을 수 있다. 2014년 기준으로 년회비 35달러(USD)로 보상을 받을 수 있으며 다이빙 현장에서 사고가 발생하면 사고시점부터 안전한 병원후송까지 즉각적이고 적절한 조치를 받을 수 있다.

(www.diversalertnetwork.org 참조).

Emergency Card

당신이 일행이 없이 혼자 다이빙리조트에 방문해서 모르는 사람과 버디를 이루어 다이빙을 진행하다 어떠한 이유로 정신을 잃는 상황을 가정해보자. 리조트 측에서는 당신의 연락처와 나이 정도를 알고 있지만 그 외에 다른 정보는 전혀 알 수 없다. 만약 당신에게 긴급한 조치가 필요한데 반드시 보호자 동의가 필요하다면? 또는 당신에게 즉각적인 수혈이 필요하다면? 그런 상황에 대비하기 위해 당신은 다이빙을 진행할 때 착용하고 있는 BC에 Emergency Card를 부착해야 된다. Emergency Card에는 당신의 혈액형과 만약의 상황에 중요한 결정을 할 수 있는 당신의 보호자연락처를 기록하고 있다. 또한 당신이 가입하고 있는 DAN의 비상연락 정보를 가지고 있어 당신이 비상상황에 처했을 경우 신속한 조치를 도울 수 있게 된다(발급문의 - psdc.kr@hotmail.com).

현금

여행에서 가장 중요한 것 중에 한 가지가 비용이다. 특히, 현지화폐는 사용예정 금액보다 많이 보유하고 있어야 한다(현지화폐로 비상금을 가지고 있어야 한다. 현지화폐가 여의치 않으면 미국달러화로 준비해도 좋다). 국내여행의 경우 대부분의 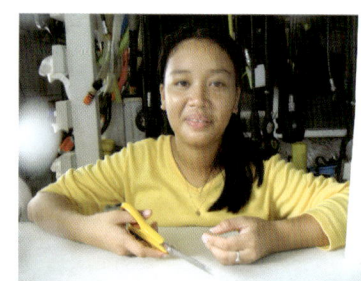 장소에서 신용카드를 이용한 지불이 가능하다. 그래서 일상적으로 현금을 따로 준비하지 않는 경우가 많다. 하지만 해외의 경우 아직까지도 대부분의 리조트에서 신용카드를 받는 곳이 거의 없어 현금으로 지불을 해야 하는 경우가 대부분이다. 이 경우 다이빙경비를 제외하고 별도의 사용경비만 현지화폐로 준비해서 여행을 떠났는데 다이빙비용을 지불하기 위해 현지에서 현금이 필요해지는 난감한 상황이 올 수 있다. 그래서 ATM기기를 통한 인출이 필요한데 ATM기기를 사용할 수 없는 지역에 위치한 리조트가 많아 그조차도 불가능할 수 있다. 반드시 사전에 예약을 할 때 리조트에 지불방법을 분명히 확인해야한다. 리조트에 도착한 이후에는 반드시 대여금고에 지갑을 위탁보관을 하여야 한다. 만약 대여금고가 부실하다고 판단되면 리조트에 지불예정인 금액을 미리지불해서 현금보유금액을 줄여둘 필요가 있다. 또한 비상금은 현지화폐로 별도의 보관 장소에 분산해서 가지고 있어야 한다.

잠재된 위험

혼자 떠나는 다이빙투어는 본인 혼자 모든 스케줄을 계획할 수 있고, 본인의 의사로 모든 스케줄을 변동할 수 있는 편리함이 있다. 하지만 패키지로 구성된 다이빙투어와 다른 잠재된 위험을 가지고 있다. 그러나 그런 잠재된 위험들은 항상 통제 가능한 범위 내에 있다. 당신이 잠재된 위험에 대한 철저한 대비를 할 수 있게 된다면 당신은 다이빙고수의 길에 들어가게 되는 것이다.

부상

 혼자 떠나서 현지에서 만들어진 다이빙 팀에 당신이 참여한다면 매정하게도 그 누구도 당신의 상태에 관심을 가지지 않는다. 그것은 다이빙을 진행하는 리조트 측 스텝들도 비슷하다. 당신이 혼자 다이빙투어를 왔다는 것은 당신이 당신 스스로 본인을 통제할 수 있는 수준이기 때문에 참여를 했다고 가정을 한다. 물론 난이도가 있는 다이빙포인트를 들어가기 전에 당신에게 참여여부를 묻는 것은 당연한 절차이지만 그 또한 생략하는 경우도 종종 있다. 그것은 당신이 리조트에 도착해서 처음 진행하는 체크다이빙에서 당신의 안정된 다이빙실력을 보여주었다는 의미를 뜻한다(체크다이빙에서 안정된 모습을 보여주지 못하는 경우 다이빙리조트 측에서는 절대로 난이도가 높은 다이빙포인트에 당신을 안내하는 경우는 없다). 그것은 당신이 혼자서 극복할 수 있는 범위 내에 다이빙을 진행하고 있다는 것을 말한다. 그런 상황에서는 당신 스스로, 당신을 보호해야한다. 특히, 이동을 하면서, 보트 위에서, 다이빙을 진행하는 물속에서 다른 사람들의 움직임에 간섭이 생겨 서로 부딪치는 부상을 당하지 않도록 조심해야 한다. 초급자 때는 담당강사의 통제로 정해진 순서대로 이동을 하며, 정해진

행동 수칙을 따르기 때문에 서로 간에 문제를 발생시키는 경우는 거의 없다. 하지만 각자 혼자 온 다이버들이 한 팀으로 다이빙을 진행한다면, 서로의 행동방식을 알 수 없어 사소한 부딪침이 발생할 수

있으니 매우 조심하여야 서로간의 부상을 예방 할 수 있다.

몸살, 감기

　다이빙투어에서 의외로 많은 사람이 힘들어 하는 부분이다. 국내와 다른 계절의 지역으로 단번에 이동을 하는 해외다이빙은 순간적으로 바뀐 기온에 신체가 적응하는 시간이 필요하다. 그런데 당장의 더위를 참을 수 없어 숙소에서 과하게 작동시킨 에어컨 바람은 열대감기를 발생시키는 가장 큰 원인이 된다. 매우 상식적이라 누구나 알고 있는 '과도한 에어컨 바람은 감기를 부른다'는 당연한 사실을 피해가지 못하는 다이버들이 상당수 있다. 특히, 다이빙을 진행하고 숙소로 돌아와 충분한 휴식을 취하지 않는다면 감기뿐만 아니라 몸살까지 얻는 매우 큰 고통을 받게 된다. 열대바다에서는 다이빙계획보다 초과해서 깊은 수심으로 다이빙을 하는 경우가 종종 발생을 한다. 그것은 당신의 신체를 매우 높은 수압으로 전신 마사지를 해주는 것과 같기 때문에 다이빙을 2~3회 하는 것만으로 신체에 매우 많은 운동이력이 축적된다. 이런 상황에 차가운 에어컨 바람은 감기에 들게 만들고 그것은 몸살로 이어진다. 조금은 더워서 약간의 땀이 나는 정도로 방안에 온도를 올려서 다음날 다이빙을 진행하는데 무리가 없는 몸 상태를 유지해야 한다.

버디

다이빙시스템의 원칙은 버디다이빙 시스템이다. 그것은 혼자서 해결하기 어려운 문제가 발생할 경우, 서로를 위해 도움을 줄 수 있는 최소한의 안전장치이며 가장 강력한 보장수단으로 볼 수 있다. 그런데, 잠재된 위험에 버디를 뽑는 것은 어떤 이유가 있을까? 버디시스템은 분명히 안전을 위한 시스템인데 잠재된 위험요소를 가지고 있다니 참으로 이상할 수 있다. 그것을 정확히 말하면 일반적인 버디시스템을 말 하는 것이 아니고, 모르는 사람과 맺어진 임시적인 버디시스템을 말한다. 즉, 버디 시스템의 문제가 아니고 다이버, 개인에 관한 문제를 의미한다. 다이빙현장에서 처음 만난 사람과 버디로 연결되어 처음 경험하는 생소한 바다이라는 특수상황에 노출되는 것은 문제가 있다. 당신이 처음 만난 버디의 다이빙실력이 어떤지 전혀 알 수 없다. 만약의 경우 처음 만난 버디가 패닉 상황에서 돌발 행동을 한다면? 그것을 미리 생각하여 대비하고 있다가 이상행동에 대응한다면 당신은 문제없이 다이빙을 마무리 할 수 있다. 하지만 아무런 대비를 하지 않고 다이빙을 진행하는데 패닉에 빠진 당신의 버디가 갑자기 다가와 공기공급을 요구하며 당신의 호흡기를 빼앗으려 한다면 당신까지 위험에 빠질 수 있다는 것을 말한다. 물론 현지의 가이드가 적절한 대처를 해서 심각한 사고로 이어지는 경우는 거의 없지만 당신은 그런 이상행동을 하는 버디와 다시는 같이 다이빙을 하고 싶은 생각이 들지 않

을 것이다. 이러한 문제의 해결 방법은 의외로 간단하다. 당신이 처음 만나는 버디에게 대비하는 것처럼, 당신을 처음 만난 버디 또한 당신에 대해 대비를 해야 하는 것이다. 리조트에서 인위적으로 버디를 연결해주면 다이빙을 시작하기 전에 다이빙계획에 대한 간단한 대화를 나누며 서로 간에 배려해야 될 사항이 있는지 확인하면 된다. 이때 주의 깊게 확인해 두어야 하는 것은 상대방의 장비에 보조호흡기가 연결되어 있는지를 봐두어야 한다. 공기공유가 필요한 만약의 상황이 발생하는 경우 손쉽게 공기를 공유하는 절차적인 편리함도 있지만 그보다 근본적으로 '버디에 대한 배려와 준비를 하는가?' 라는 준비상태를 확인할 수 있다. 즉, 보조호흡기를 준비하고 있다는 것은 다이빙을 할 때 심각한 상황이 되는 경우, 도움이 필요한 사람에게 도움을 줄 수 있는 사람이라는 것을 의미한다. 또한 그만큼 다른 사람에게 도움을 줄 수 있는 실력을 갖추고 있다는 것을 뜻하기도 한다. 당신이 고수의 길에 들어가고 있다면 아직은 정해지지 않은, 도움이 필요한 버디를 위해 보조호흡기를 반드시 준비해야한다(공기공급의 여유를 위해 주호흡기를 2m 길이의 호스를 사용해서 연결하고 보조호흡기는 60cm 의 짧은 호스로 연결해 목에 걸어서 사용할 수 있도록 장비를 갖춘다. 만약 공기공급이 필요하다면 당신은 보조호흡기를 사용하고 공기를 공급받는 사람에게 2m 길이의 주호흡기를 제공해서 활동이 여유롭도록 해야 한다).

음주

최근에는 다이빙을 할 때 음주 후 에 다이빙을 시도하는 사람을 전혀 찾아 볼 수 없다(음주다이빙은 자살행위라고 보는 것이 100% 정확하다). 레저다이빙 시스템이 정착되기 이전에 몇몇 다이버들이 음주 후 다이빙을 하는 경우가 종종 있었으며 그런 행위는 다이빙사고의 대표 원인을 차지한 적이 있었다. 그러한 이유로 근래에 들어와서는 리조트 측에서 음주자에게는 절대로 공기통 대여를 해주지 않으며, 다이버들 사이에서도 그러한 무모한 시도를 하는 사람은 거의 찾을 수 없게 되었다. 그런데, 잠재된 위험에 음주가 뽑히는 이유는 음주가 아직도 다이빙 현장에서 심각한 위험요소로 건재하기 때문이다. 성인남성의 경우 취할 정도의 음주를 하는 경우 최소 8시간에서 48시간까지 알콜 성분을 해독하는 시간이 필요하다. 그것은 전날 저녁에 마신 음주가 다음날 다이빙활동에 심각한 제약을 준다는 것을 의미한다. 특히, 국내다이빙이 아닌 해외다이빙을 떠나는 경우 평소보다 많은 량의 음주를 하는 사람들이 많다. 그러나 다음날 다이빙스케줄이 있다면 분명히 조심해야 한다. 첫날 다이빙을 하면서 체력적으로 많은 소모를 하였고 비행기 이동으로 피로가 누적되어 평소보다 나쁜 컨디션을 가지고 있는 다이버에게 과도한 음주는

매우 심각한 컨디션 저하를 유발한다. 대부분의 해외투어일정이 연속적인 다이빙일정으로 계획되어 있는데 전날 마신 음주에 대한 숙취가 남아 있는 상태에서 다이빙을 진행하게 되면 물속에서 조금

만 서지가 발생하는 경우에도 심한 구토감으로 다이빙을 계속 할 수 없으며, 심한 경우 물속에서 구토를 해야 하는 상태에 이를 수 있다. 그런데 이렇게 물속에서 구토를 시도하는 것은 본인에게 매우 심각한 위험을 발생

시킨다. 구토행위는 호흡이 일시 정지되며 위속에 잔여물이 입으로 나와야 하는데 호흡기를 물고 있는 상태에서는 구토를 할 수 없으며, 만약 어쩔 수 없이 호흡기를 잠시 입에서 띠고 물속에서 구토를 하는 경우 호흡과 리듬감을 맞출 수 없어 물속에서 패닉에 빠지는 위험이 발생한다. 절대 다이빙 진행과정에서는 구토를 하면 안 되지만 어쩔 수 없는 상황이 된다면, 즉시 다이빙을 중지하고 긴급 상승을 해서 수면위에서 시도를 해야 한다. 이러한 위험은 음주를 과하게 한 사람들에게 나타날 수 있는 위험요소이기 때문에 다음날 다이빙스케줄이 있다면 음주를 자제해야 하는 것은 절대적인 원칙이 된다.

사고

 여행을 다니면서 혹시 발생할 수 있는 다양한 형태의 사고에 대하여 대비하는 것은 매우 중요하다. 특히, 혼자 다니는 여행에서는 더욱 철저한 준비가 필요하다. 사고 중에는 가장 흔하게 교통사고가 있을 수 있고 다이빙을 하면서 발생할 수 있는 여러 가지 작은 종류의 사고가 있을 수 있다. 이러한 사고들은 말 그대로 사고이기 때문에 본인의 능력으로는 어쩔 수 없는 경우가 많다. 그래서 사고는 운명처럼 피할 수 없는 경우가 많다. 만약, 그 사고를 피할 수 없다면 그 피해를 최소화하는 후속대응이 중요하다. 사고를 목격하거나 사고를 당하게 되면 제일먼저 고려해야 하는 것이 본인의 안전이다. 다른 사람에게 도움을 주고 피해를 최소화 하는 조치가 필요한 것도 중요하지만, 그것보다 더 중요한 것은 누가 뭐라고 해도 본인의 안전이다. 사고현장에서 본인이 처해 있는 상황을 정확히 판단을 하고 본인의 안전을 위해 할

수 있는 최선의 조치를 최우선으로 선택해야 한다. 예를 들어 고속도로 같은 장소에서 교통사고를 경험한다면 최우선적으로 해야 하는 일은 본인이 안전한 장소로 대피하는 것이다. 그 다음에 119 신고 같은 후속조

치를 해야 하며, 다른 사람의 구명활동에 참여할 수 있는지를 판단하고 실행에 옮기는 것이다. 국내 여행의 경우는 119, 112 같은 신속 대응기관이 매우 재빠르게 현장에 도착을 하고 후속조치를 하기 때문에 본인의 안전을 확인하고 119 또는 112 의 신고절차만으로 당신의 책임은 충분히 다하는 것이다. 하지만 해외의 경우는 매우 다르다. 해외에서는 본인이 할 수 있는 행동이 매우 제약된다. 사고자를 목격하고 도움을 줄 때 당신에게 합당한 라이선스(응급처치사 같은)가 없다면 그러한 시도를 하지 않는 것이 좋다. 만약, 도움을 받은 사람이 사망이나 후속장애에 처하게 된다면, 당신은 그에 따르는 법적책임을 피할 수 없는 경우가 많기 때문에 선의를 가지고 도움을 주더라도 인명을 위태롭게 할 수 있는 잘못된 조치가 이루어진다면 그에 대한 책임을 져야한다. 그래서 해외에서는 본인의 안전을 담보할 수 있는 안전한 지역으로 피하고 현지관계자를 부르는 것이 당신이 할 수 있는 최선의 행동이 될 수 있다.

고독은 당신을 고수로 만든다

혼자 떠나는 여행을 할 수 있는 당신은 이미 고수의 길에 들어섰다. 그것은 '다이빙라이프 고수의 길' 이라는 의미도 있지만 당신의 인생을 당신의 의지대로 살아 갈 수 있는 '인생살이 고수의 길' 에 들어섰다는 의미도 가지고 있다. 특히, 혼자 떠나는 다이빙여행은 당신에게 당신의 인생을 생각할 수 있는 많은 사색의 시간을 준다. 스마트폰, 컴퓨터라는 도구로 인터넷에 접속해서 한 순간도 그곳을 떠나지 못하는 현대인들에게 비행기라는 통신이 두절된 공간은 그 시간을 사용하기에 따라 당신의 인생을 좌우할 수 있는 큰 결정을 할 수 있는 시간이 된다. 동행이 없어 비행기 안에서 오직 혼자 생각 할 수 있다는 것은 당신의 인생을 생각할 수 있는 매우 의미 있는 시간이 될 수 있다. 그리고 당신이 당신의 '일상을 떠나 다이빙투어를 떠났다' 는 의미는 당신의 모습이 당신의 인생에 쉼표를 가질 수 있는 여유 있는 사람이 되었다는 것을 말 한다. 대부분의 사람들은 25~55세까지 30년 정도를 일하고 나머지(기대수명 80세)인 30년을 은퇴 후 시간으로 보낸다. 은퇴 후 어쩌면 지루할 수 있는 시간을 미리 당신의 인생중간으로 삽입을 한다고 생각해보자. 당신이 중간, 중간 당신을 위해 사용하는 소중한 시간들은 은퇴 후 1년의

시간을 은퇴 전 10년의 시간으로 10배 이상 의미 있게 즐길 수 있다. 성공(정확히 단정해서 정의하기 어려운)을 위해 쉬지 않고 달리는 사람들도 필요하지만 모든 사람이 그렇게 사는 것은 매우 어리석은 삶의 방식이다. 이렇게 삶에 쉼표를 찍고 다이빙투어를 통하여 당신의 모습을 다시 보게 된다면 당신은 다이빙투어를 떠나기 전보다 더욱 성장해서 당신의 일상으로 복귀할 수 있게 된다. 비행기 속에서, 물속에서 당신은 고독을 음미하며 인생의 고수로 발전해간다.

07 고수 그 다음

다이빙 고수가 된다는 것은 어떠한 환경에서도 안전한 다이빙을 할 수 있다는 것을 의미한다. 그런 의미는 다이빙인생에 즐거운 추억을 얼마든지 축적할 수 있는 다이빙 기술을 가지고 있다는 뜻도 된다. 이렇게 다이빙을 편하게 즐길 수 있는 상태가 된다면, 그것을 만족하며 본인만의 다이빙을 즐기면 된다. 그것은 자기만족이며 그것으로 충분한 인생의 의미를 부여할 수 있다. 그런데 그렇게 자기만족감을 충족시키는 것으로 끝내지 않고 본인이 축적한 다이빙 경험과 기술을 누군가에게 전달하고 싶은 욕구를 가지는 사람도 있다. 또한 본인의 다이빙경험을 누군가에게 공식적으로 인증 받고 싶어 하는 경우도 있다. 그 또한 의미 있는 인생 이력이 될 수 있다. 본인이 작성한 다이빙로그를 공개해서 많은 사람들이 간접경험을 통해 다이빙 포인트에 대한 정보를 공유할 수 있으며 같이 경험했던 버디와의 추억을 오랫동안 기억할 수 있다. 이러한 다이빙로그는 버디의 인증을 통해 증명할 수 있고

그런 이력은 본인의 계정에 이력등록을 통해(www.psdc.kr에서 등록), 센츄리다이버 라이선스 같은 경험치 라이선스를 획득할 수 있다. 이렇게 획득한 라이선스태그를 본인의 BC에 부착하고 다이빙을 하는 것은 초급다이버에게 경외감과 존경을 받을 수 있는 색다른 즐거움이 된다. 아래에서는 고수의 이력을 가지는 당신이 도전할 수 있는 새로운 세계를 소개한다.

센츄리다이버

 센츄리다이버는 신성한 고수의 시작이라 할 수 있다. 처음 다이빙을 시작하고 다이빙 로그를 만들기 위해 열심히 다이빙을 따라다닌다. 어느 정도의 시일이 지나면 다이빙 의욕이 약간은 시들해지는 본인의 모습을 발견하게 된다. 국내다이빙의 경우는 1박 2일 다이빙을 가서 4~6회의 다이빙을 진행하기 어렵다. 국내로 한정해서 매달 다이빙을 간다고 할 때, 4월부터 10월까지 6개월의 다이빙기간을 쉬지 않고 다이빙을 하게 되면 1년에 24회에서 36회의 다이빙 로그를 기록할 수 있다. 하지만 현실적으로 매달 다이빙을 가는 것은 어려우며 1년에 3~5회 정도의 다이빙투어를 가는 것이 일반 다이버들의 패턴이다. 처음 다이빙을 배울 때는 '빨리 배워서 AD도 하고 MS도 해야지' 하며, 열심히 다이빙을 경험하려 한다. 하지만 어느 정도의 다이빙경험이

www.psdc.kr

쌓이면, 그냥 다이빙을 즐기며 천천히 해야지 하는 생각을 하게 된다. 그래서 50회 경험이지만 OW 라이선스를 가진 다이버도 있고, 100회 이상의 경험을 하여도 OW  라이선스를 가지고 있는 다이버도 있는 것이다. 그러나 OW 라이선스를 가지고 있다고 하여도 실질적인 다이빙실력은 OW가 아니라고 보는 것이 맞다. 100회 이상의 다이빙 경험을 했다는 것은 다이빙 등급이 문제가 아니라 최소 3~4년의 꾸준한 다이빙경험이 있다는 것이 더욱 큰 의미가 있다. 그것은 이 기간 동안 다양한 바다경험을 했다는 이야기가 된다. 수많은 버디를 겪어봤고 수많은 다이빙팀을 목격했을 것이다. 중간, 중간 위험한 경험도 했을 것이고 초보다이버에게 도움도 많이 줬을 것이다. 그렇게 100회 이상의 경험을 가진 다이버는 이미 고수의 반열에 올랐다고 볼 수 있다. 다이빙은 평생 즐길 수 있는 몇 안 되는 스포츠이며 온전히 개인이 스스로 하는 운동이다. 꾸준함을 가지고 다이빙을 지속하는 100회 이상의 경험을 가진 다이버들에게 경의를 표한다.

지인을 다이버로 만들기

 나이빙을 오래하고 즐기게 되면 본인이 다이빙을 한다는 것을 주변 사람들이 거의 다 알게 된다. 그리고 다이빙에 관심을 가지는 지인들이 종종 물어보기도 한다. '다이빙을 배우려면 어떻게 하나요?' 이런 질문을 들을 때 제일 먼저 떠오르는 사람은 본인이 처음 다이빙을 배운 강사가 될 것이다. 처음 교육을 받은 강사와 현재도 연락을 하고 있고, 같이 다이빙을 즐긴다면 그 강사에게 소개시켜주는 것이 가장 간편한 방법이 된다. 하지만 많은 다이버들이 처음 교육을 받았던 강사와 다이빙을 지속적으로 하는 경우는 드물다. 처음 배운 다이빙강사가 직업강사라면 그 강사는 본인의 생계를 위해 교육투어를 계속하고 있을 것이고 한, 두 번 따라다닌 교육 투어는 어느 정도 기술이 좋아진 지금의 상황에서는 약간은 밋밋하고 재미없는

투어가 되기 때문에 본인의 실력에 어울리는 사람들과 새로운 다이빙 팀을 꾸리고 그들과 다이빙을 지속하게 된다. 그래서 처음 교육을 받은 강사와 멀어지게 된다. 또한, 본인  이 처음 교육을 받은 강사가 직업강사가 아닌 프리랜서 강사라면 본업이 있는 강사의 신분으로 지속적인 투어를 만들기도 어렵고 그 일정에 맞추어 다이빙을 따라다니는 것 또한 무척 어려운 것이 현실이다. 이러한 이유로 처음배운 강사와의 인연은 멀어진 상태인데 주변의 지인들이 다이빙을 배워 본인과 같이 다이빙을 하고 싶다고 할 때 마땅히 소개해줄 강사가 없게 되는 것이다. 그렇다고 본인이 직접 교육을 하는 것은 제도적으로 불가능하게 되어 있다. 수영장의 입장부터 강사가 동반하지 않은 상태에서는 라이선스를 가지고 있지 않은 일반인은 입장이 불가능하다. 만약 입장을 한다고 하여도 체계적인 교육은 당연히 불가능하기 때문에 안전한 자격을 가지고 있는 다이빙 강사에게 수강을 시작하여야 하는 것이 순리가 되는 것이다. 그렇게 본인이 지인을 다이빙의 길로 직접 인도하기 불가능하고 본인도 모르는 강사에게 소개를 하는 것 또한 부담스러운 행동이 된다. 이러한 답답함이 고수다이버를 강사의 길로 인도한다. 투어를 다니면서 만나는 강사를 문득 살펴보면 초급자 시절에는 보이지 않던 강사의 실력차이가 점점 보이게 된다. 만약, 본인이 다이빙 강사교육을 받아 강사라이선스를 획득하고 초급자를 교육한다면 '나는 저 강사보다는 잘할 것 같다'는 생각을 하는 경우도 생긴다. 그렇다. 본인이 '강사의 길'에 도전을 해서 다이빙강사 라이선스를 취득한다면 본인 주변의 지인들을 얼마든지 교육 할 수 있고 실력이 없는 강사보다 훨씬 잘 교육 할 수 있다(그것은 지인들과 본인사이에는 신뢰라는 믿음을 가지고 있고, 지인에게는 모르는 사람보다 더 배려할 수 있기 때문이다). 본인이 지인이나 가족에게 다이버의 즐거움을 느끼게 해주고 싶다면 '강사의 길'을 도전하는 것은 선택이 아닌 필수가 된다.

보조강사

처음부터 강사를 시작하는 사람은 매우 드물다. 지인을 아는 강사에게 OW교육을 부탁하고, 그 교육 현장에 참관을 하다보면 아무래도 조금씩 도움을 주게 된다. 처음 배우는 사람의 실수를 누구보다 잘 알고 있으며, 본인이 겪은 어려움을 쉽게 설명할 수 있어 교육을 배우는 사람에게도 많은 도움이 된다. 처음 물속에 들어간 사람은 우선 본인의 몸을 가누기가 힘들고 주변을 살펴볼 여유가 전혀 없다. 그래서 더욱 더 보조강사의 도움이 필요한 것이다. 교육을 하는 강사의 입장에서는 한꺼번에 많은 교육생을 교육하는 경우 모든 교육생을 살펴볼 수 없으며 그런 이유로 보조강사의 도움이 필요하다. 그러한 역할은 자원봉사를 통해 경험할 수 있고 그런 경험을 통하며 조금씩 '강사의 길'로 다가설 수 있게 된다.

강사되기

 보조강사의 역할을 하면서 지인을 다이빙의 세계로 인도를 하였고, 같이 다이빙을 다니다 보면 조금씩 더 욕심이 생기게 된다. 본인의 실력도 이미 강사수준에 버금간다는 생각을 하게 되고 이미 보조강사로 OW교육을 진행하는 것을 많이 참관하여 교육과정을 알고 있는 상태라면, 본인이 강사로써 교육을 한다면 조금 더 쉽게, 조금 더 편안하게 교육을 할 수 있을 것이라는 생각을 하게 된다. 그렇게 도전하는 의욕이 생긴다면 지금 당장, 강사 교육과정에 등록할 수 있다. 그렇게 강사교육과정에 등록을 하였다면 이러한 도전은 당신의 인생에 큰 의미가 된다. 물론 전업으로 다이빙강사라는 직업을 갖는 것도 하나의 선택이 될 수 있지만 이미 다른 직업을 가지고 다이빙을 시작한 대부분의 사람들은 다이빙강사 라이선스를 획득하고 전업 강사의 길로 가는 경우는 매우 드물다. 즉, 프리랜서 강사를 하면서 또는 주변의 지인 정도만 교육하는 강사로 생활을 하는 경우가 대부분이란 이야기가 된다. 그러면 단순히 주변에 몇몇 사람을 교육하기 위해 강사를 한다는 것은 어떤 것일까?

 '경제적으로나 시간적으로 인생의 낭비가 되지 않을까?' 그런 질문에 대한 대답은 명확하다.

 '강사교육경험은 절대 시간을 헛되게 보내는 것이 아니다' 라고 이렇게 단언할 수 있다. 강사교육과정에 등록을 하고 교육코스를 따라가면서 단순히 교육 시간을 채우는 경우는

강사라이선스를 절대로 획득할 수 없다. 다이빙 강사라는 위치는 다이빙을 하면서 초급자의 목숨을 책임져야 하는 매우 중요한 위치로 본인의 안전뿐만 아니라 다른 사람의 안전에도 중요한 영향을 주는 사람이기 때문이다. 강사는 기초 체력 확보부터 응급조치사항 실행 숙지까지 강사의 자질을 갖출 때 까지 무한한 연습과 노력으로 강사가 탄생하기 때문이다. 그러한 강사교육과 정을 거쳤다는 것은 일정수준 이상의 다이빙실력과 강사로써 교육실력을 갖추고 있다는 것을 의미하며 그것을 공인된 라이선스로 확인 받는 것이 된다. 국내에서 활동하고 있는 대부분의 다이빙 교육단체에서 실시하는 강사교육과정은 결코 만만하지 않다. 교육과정 중간에 탈락자가 발생하기도 하고, 교육을 이수하였지만 최종 강사평가 과정에서 탈락하는 강사후보생도 있다. 그것은 다이버의 목숨을 책임지는 자리에 있는 강사라이선스를 수준미 달의 상태인 강사후보생에게는 절대 발급 할 수 없기 때문이다. 그렇게 쉽지 않은 강사교육을 끝내고 강사라이선스를 받게 되면 강사교육과정에 훈련과 연습을 통하여 교육생을 보살필 수 있는 실력이 확보된 강사로 변화된 본인의 듬직한 모습을 확인하게 된다.

강사트레이너

 강사는 누가 교육하는 것일까? 모든 강사들은 누군가에게 교육을 받고 강사가 되었다. 그리고 강사를 교육한 트레이너도 최초에는 누군가에게 강습을 받았을 것이다. 다이빙 교육시스템이 정립되기 이전에는 강사라는 자격도 없었고 트레이너라는 자격 또한 없었다. 그냥 다이빙을 할 수 있는 누군가가 또 다른 누군가에게 교육을 하였고 그렇게, 그렇게 입에서 입으로 전수되며 교육이 이루어져 왔다. 이러한 교육은 교육하는 사람의 수준에 따라 천차만별로 다르게 교육되었고 그런 표준화되지 않은 교육은 필연적으로 많은 다이빙사고를 발생시켰다. 그래서 다이빙교육을 위한 표준화된 프로그램이 생겨났고 선구자적인 역할을 했던 다이빙 1세대의 교육자들의 노력으로 지금의 표준화된 시스템을 만들어 냈다. 이런 표준화 작업은 각각의 단체에서 개별적으로 발전되어 왔지만 현재에 이르러서는 ISO라는 국제 표준화 기구에서 다이빙교육과정을 제정하는 시스템으로 발전하였다. 이렇게 제정된 표준화과정을 따르는 교육시스템이 각각의 단체에서 정립되었다. 그런 표준화된 과정을 통하여 강사를 교육하는 방법을 이수한 사람들이 강사트레이너가 되는 것이다. 강사라이선스를 획득하고 강사가 되어 많은 교육생을 배출한 실적이 있다면(PSDC에서는 100명이상의 실적을 요구한다) 트레이너교육과정에 도전할 수 있다. 트레이너교육과정에서는 ISO에서 표준화된 교육시스템을 이수하여야 하며 평가과정을 통과하면 강사트레이너가 될 수 있다. 다이빙라이선스의 획득이 대학교에서 학사학위를 취득한 것이라면 강사라이선스는 석사학위, 강사트레이너

는 박사학위를 취득한 것이라 대비하면 적절하다. 강사트레이너가 되서 강사를 교육하고 교육한 강사가 다른 교육생을 교육해서 다이버로 만들고 이런 과정을 본인이 하게 된다면 그것은 본인의 인생에 매우 의미 있는 이력이 된다. 다이빙 고수인 당신이 강사뿐만 아니라 강사트레이너까지 끝없는 도전을 할 것을 응원한다.

| REFERENCE BOOKS |

Bevan, John. The Professional Diver's Handbook. London, Submex, 2011

Coleman, Clay. The Certified Diver's Handbook. Camden,
　　　ME, International Marine/McGraw-Hill, 2004

Cote, Isabelle M., John D. Reynolds, and Foundation Fisheries Conservation.
　　　Coral Reef Conservation. Cambridge. New York, 2006

DAVIO A. AGUILAR, PLANETS. The Latest View of the Solar System,
　　　NATIONAL GEOGRAPHIC, 2011

DENNIS K. GRAVER, SCUBA DIVING, Human Kinetics, 2010

DR. ALICE ROBERTS, THE COMPLETE HUMAN BODY, THE DEFINITIVE VISUAL GUIDE,
　　　DK Publishing Inc., 2010

FABIEN COUSTEAU, OCEAN - THE WORLD'S LAST WILDERNESS REVEALED,
　　　DK Publishing Inc., 2006

Francois Sarano, Oceans, National Geographic Society, 2010

Hal Watts, SSI Deep Diving, SSI, 2004

Hutchinson, Stephen, 이완옥, and 엔터스코리아. 어류대도감. 서울, 예림당, 2010

James E. Bruning, SSI Boat Diving, SSI, 2004

JOHN BANTIN, THE SCUBA DIVING HANDBOOK, Firefly Books Ltd, 2007

Lonely Planet Staff, DIVING&SNORKELING Philippines, Lonely Planet, 2010

Nancy Knowlton, CITIZENS of the SEA, National Geographic Society, 2010

NATIONAL GEOGRAPHIC, Edible An Illustrated Guide to the World's Food Plants,
　　　NATIONAL GEOGRAPHIC, 2008

Nick Hanna, THE ART OF DIVING and adventure in the underwater world,
　　　Globe Pequot Press, 2007

Nishat Fatima, 100 Natural Wonders of the World, AA Publishing, 2007

Orr, Dan, and Eric Douglas. Scuba Diving Safety. Champaign,
　　　　IL, Human Kinetics, 2007

PADI, ADVENTURES IN DIVING Manual, PADI, 2008

PADI, Instructor Manual, International PADI Inc., 2006

PAUL GREENBERG, FOUR FISH (THE FUTURE OF THE LAST WILD FOOD),
　　　　The Penguin Press, 2010

Paul Lees, DIVE - ThaiLand, Interlink Publishing Group Inc., 2009

Peter Bond, SPACE a visual encyclopedia, DK Publishing Inc., 2010

PIERCE ELM, Beginner's Guide to Scuba Diving What Where AND How,
　　　　Dolores McElroy, 2012

ReactRight, Adult First Aid and CPR - VIDEO, ReactRight, 2002

RITA CARTER, THE HUMAN BRAIN BOOK, DK Publishing Inc., 2009

Rob Houston, THE HUMAN BODY BOOK, DK Publishing Inc., 2007

RONALD VAN DE VOOREN, PHILIPPINE DIVING, PDP Digital Inc., 2003

Sheppard, Charles. Coral Reefs. Stillwater, MN, Voyageur Press, 2002

김기태. 세계의 바다와 해양생물. 서울, 채륜, 2008

김승권, 권대근, 김해출, 우상연, 이병근, 이형일, 장창현, et al.
　　　　(초급자를 위한) 스쿠버다이빙. 선문대학교 출판부, 2005

김용억, 명정구, 김영섭, 한경호, 강충배, 김진구, and 류정화.
　　　　한국해산어류도감. 도서출판 한글, 2006

김창원, Tatsuhide Matsuoka, and 다스히데 마쓰오카.
　　　　바닷가 도감. 서울, 진선출판사, 2000

명정구, and 노현수. 울릉도, 독도에서 만난 우리바다생물. 서울, 지성사, 2013

박상규. (해양 레저시대의) 스쿠버 다이빙. 서울, 대경북스, 2008

박상용, and 이주용. 갯벌 식물 도감. 파주, 보림, 2008

박수현. (재미있는) 바다 생물 이야기. 서울, 추수밭, 2006

박충일. (즐거운) 수영교실. 서울, 대경북스, 2009

보리, 편집부, 이원우, 백남호, 조광현, 천지현, 김시영, 이주용, et al. (세밀화로 그린 보리 어린이) 갯벌도감. 파주, 보리, 2007

사토우치, 아이, 다쓰히데 마쓰오카, and 김창원. 자연도감. 서울, 진선출판사, 2010

삼호미디어. (파워)스쿠바다이빙. 서울, 삼호미디어, 1995

신충식, and 유기성. 바다세계 엿보기. 서울, 패스타임, 2007

이점숙, 임병선, 조영복, 명현호, and 민홍기. 해안식물·곤충 가이드북. 군산대학교 생물학과, 2011

이종인, and 김우성. 스쿠버다이빙. 서울, 레인보우북스, 2007

おComdori co. Han Hyun-Dong, 深海のサバイバル, 朝日新聞出版, 2012

おきなわマリン出版 スタッフ, Diving Point Map -No.1 おきなわ本島編, おきなわマリン出版, 2008

おきなわマリン出版 スタッフ, Diving Point Map -No.2 ケラマ編 おきなわマリン出版, 2008

コプラ, スキューバダイビングに挑戦, 技術評論社, 2005

ダイビング・ア・ゴーゴー編集部, ダイビング・ア・ゴーゴー パラオ, マリン企画, 2009

大岩弘典, 潜水医学, 水中造形センタ, 2012

木村義志, 日本の海水魚, 株式会社 学研教育出版, 2009

白鳥岳朋, 水中を撮る!, 雷鳥社, 2010

寺山英樹, スキルアップ 寺子屋 neo., 月間 マリンダイビング, 2009

小西英人, イカ,ダコ 識別 図鑑, 株式会社 エンターブレイン, 2012

小西英人, 釣魚1400 種 図鑑, 株式会社 エンターブレイン, 2011

野田 博之, DVD で学ぶ はじめてのダイビング, SJsports, 2007

月間 マリンダイビング, フィッシュウオッチング 500, 水中造形センター, 2009

月間 マリンダイビング, ダイバー英語, MarinDiving, 2009

月間 マリンダイビング, 海の生き物ウオッチング500, 水中造形センター, 2009

伊藤 博子, なでしこダイバーデビューBOOK, マリン企劃, 2007

竹井祥郎, 海洋生物の機能, 東海大學会, 2005

中田 誠, ダイビングセーフティブック, 太田出版, 2008

中田 誠, リキッドエリアの幸福, 成山堂書店, 2011

中村卓哉, 海の辞典, 雷鳥社, 2012

地球の歩き方, 世界のダイビング&スノーケリング 完全ガイド, ダイヤモンド.ビッグ社, 2010

荒井雪江, 海と仲間と-V, 遊人工房, 2011

後藤 ゆかり, スクーバダイビングよんどくガイド, 水中造形センター, 2011

広部 俊明, 体験ダイビングをやろう!, 株式会社 誠文堂新光社, 2005

瀬戸口 靖, スノーケリング ガイド, JTB パブリッシング, 2010

| RESEARCH AND PHOTOGRAPHIC CREDITS |

Arnold J. Kim

Denise Lee

John Mounter

Katherine Scully Kim

Kim Won Kook

Lee Jung Hyun

Park Cham Bok

Peter Bell

Stefania Makin

Arnold J. Kim

자연과학자 출신의 다이버로 해양환경과 다이빙산업 관련 연구, 공공기관 정책자문을 하고 있다. 서울대학교, 한양대학교 대학원에서 물리학, 경영학 석박사과정을 공부하였으며, 하버드대학교에서 종교와 철학을 한신대학교 신학대학원에서 신학을 배웠다. PSDC Scuba Diving Research Center의 연구소장을 겸임하고 있다. 자연과학, 인문사회과학 및 문화체육 분야까지 다양한 학문의 통섭을 위한 노력을 하고 있으며, 학술적으로 치우쳐 소개되는 전문서적의 표현수준을 비전공자도 쉽게 이해하고 습득할 수 있도록 경량화 시키는 작업을 하고 있다. 스쿠버다이빙, 스키 같은 레서스포츠 분야에 이론과 실전을 함께 습득할 수 있는 다양한 교재를 저술하고 있다.